KB117636

돈은, 너로부터다

돈은, 너로부터다

부를 묻자 돈의 신이 답했다 ——

부자가 되기 위해서 노력하는 수많은 사람이 부를 이루는 데 실패하는 가장 큰 이유는 부자가 되기 위한 시간을 견디지 못했기 때문이다. 애초부터 부자가 될 수 없는 사람이 아니라, 부자가 되는 길 위에서 스스로 멈추고 내려온 것이다. 그걸 이 책에서는 '본질'이라고 말한다. 본질을 쌓기 위해서는 오랜 시간이 걸리고 심지어 돈도 안 되는데, 세상에는 시간만 투여하면 당장 돈이 나오는 일이 너무 많다. 하지만 그 유혹의 속삭임에서 벗어나 본질이란 길을 묵묵히 걷는다면 언젠가 그 시간의 무게가 찼을 때 그동안 투자한 시간의 값을 한 번에 다 돌려받게 된다. 춥고 고단한 그 길 위에서 외롭다고 느낄 때 이 책과 함께한다면, 혼자서만 그 길을 걷는 게 아니라는 것을 알게 될 것이다. 그 길 끝에 도착했을 나와 당신을 기다린다.

— 김도윤(유튜브 김작가TV, 「럭키」 저자)

"어떻게 하면 부자가 될 수 있습니까?"라는 질문을 던지는, 럭키 펀치를 바라는 수많은 사람에게 '근접전'이라는 명쾌한 비유로 답하는 책이다. 부자가 되는 길에는 지름길도 비법도 존재하지 않는다는 사실을 간결하고 명확하게 설명할 뿐만 아니라 막연히 사업을 통해 부자를 꿈꾸는 사람들에게 그들이 본질적인 것을 놓치고 있음을 알리며, 부의 정의에 대한 이해를 돕는다. 소설 형식을 활용해 뛰어난 통찰력을 제공하며, 인우와 배상이라는 상반된 두 인물의 이야기를 통해 부자 되는 법을 체계적으로 풀어내 독자가 자연스럽게 자신의 잠재력을 깨닫게 한다. 이 책은 미래를 더 나은 방향으로 바꾸고자 하는 분, 인생의 방향성을 재정립하고자 하는 분 그리고 부를 꿈꾸는 이들에게 해답을 줄 것이다.

– 정태익(유튜브 부읽남TV, 『운명을 바꾸는 부동산 투자 수업』 저자)

내가 아는 김종봉은 어렸을 때부터 고생하면서 자수성가한 사람이고, 항상 도전 정신이 가득한 사람이다. 주식과 부동산 투자는 물론이고 창업과 프랜차이즈, 브랜딩까지 성공적으로 해내는 모습을 보면 신기할 따름이다. 그가 여러 가지 일에 모두 성공하는 이유는 언제나 본질을 꿰뚫어 보고 뛰어드는 데 있다고 생각한다. 이 책에서 그가 알려주는 '돈의 세계'를 바라보는 방법, '돈을 대하는 시각'이 독자분들에게 많은 도움이 되었으면 한다.

– 보컬 김형준(전업투자자)

투자자 김종봉을 만난 것은 내게 일생일대의 행운이다. 그처럼 다부지게 돈에 대한 이야기를 전하는 사람이 없고, 그처럼 돈에 대해 노력한 이도 드물다. 여기서 끝나지 않는다. 그는 자신이 얻은 부의 비법을 누구에게나 주저 없이 알려준다.

이 책의 본질은 그것이다. 누구에게나 방법을 알려주는 것. 체중 감량 방법은 누구나 알지만 누구나 하지는 않는다. 아니, 할 수 없다. 더 정확하게 말하자면 하다가 포기한다. 그래서 어려운 게 체중 감량이다. 방법은 알지만 하지 않는 것이다. 부자로 가는 길도 마찬가지다. 누구나 알지만 하지 않는 것. 이 책은 거기에 초점을 맞춘다. 돈과 성공의 본질에 충실한 책이다. 그가 말하는 돈의 본질은 무엇이고 우리는 무슨 시스템을 구축해야 하는지, 이 책은 그 이야기를 전한다.

이 책에 부자가 되는 방법은 다 나왔다. 과연 실천할 것인가, 포기할 것인가? 선택은 여러분의 몫이다.

— 황현희(개그맨, 『비겁한 돈』 저자)

자본주의의 나라 대한민국. 대한민국에서 부를 빼놓고 그 누가 인생을 말할 수 있겠는가? 돈이 가진 힘은 내가 사랑하는 사람들과 나의 인생을 지키고 행복하게 만드는 필수 요소라고 생각한다. 이 책은 부로 향하는 과정을 단순하면서도 섬세하게 설명한다. 일의 본질 그리고 그 본질을 브랜딩해 돈을 만들어내는 시스템을 풀어낸다. 결국에는 이것이 투자든 창업이든 지금 우리가 하고 있는 모든 비즈니스를 가장 빠르게 부를 향해 전진하게 만드는 방식이다.

게다가 이 책은 전통적인 비즈니스뿐 아니라 현대사회에서 가장 화두인 온라인 비즈니스에도 접목 가능한 최상의 방식이라 믿어 의심치 않는다. 그리고 그것을 스스로 증명해 낸 것이 이 책의 저자 '김종봉'의 최고 업적이라고 생각한다. 노력은 하고 있지만 부의 길에서 갈피를 잃고 다가서지 못하는 사람이라면 이 책을 거듭 읽기 바란다. 문제를 해결하고 싶다면 결국에는 방법을 알아야 하니까 말이다.

— 안규호(유튜브 안대장TV, 완미족발 대표)

부자가 되고 싶은 사람들의 필독서다. 세상은 달라졌고 새로운 머니게임은 이미 시작되었다. 그럼에도 여전히 낡은 규칙을 손에 들고 게임에 뛰어드는 사람이 많다. 새로운 규칙을 가장 먼저 습득하는 사람이 가장 빠르게 부의 추월차선에 올라탈 것이다.

'본질', '브랜딩', '시스템'이라는 부의 레버리지를 이토록 쉽고 재미있게 알려주는 저자가 또 있을까? 절대 마르지 않는 샘물 같은 수입원을 만드는 부의 성공 공식이 궁금하다면 반드시 이 책을 읽어라. 당신 손에 들려 있는 양동이를 수도관으로 바꿔줄 지혜가 가득하다.

— 김승현(조조칼국수 대표, 『돈그릇을 키우는 6가지 방법』 저자)

프롤로그

•

돈을 버는 가장 확실한 방법

- 김종봉

벌써 세 번째 책이다. 매번 책을 준비할 때면, 지금까지 있었던 일을 고백하는 것보다 지금부터 필요한 일을 전달하는 데 관심이 많았다.

다행히 18년간 전업 투자자로 살아온 덕분에, 돈의 세계에서 앞으로 무엇을 준비해야 하고 어떤 것을 해야 하는지 비교적 잘 알고 있었다. 그래서 전작인 두 권의 책에서도 앞으로 올 것에 대해 준비할 수 있도록 메시지를 담았다. 지금부터 우리에게 필요한 일들 말이다.

첫 책 『돈 공부는 처음이라』는, 투자의 시대가 시작되

8

기 전 조만간 기회가 올 테니 사람들이 돈을 공부하며 스스로 투자를 준비했으면 하는 바람으로 집필했다. 그 결과 정확히 1년 후 코로나19라는 위기이자 기회가 왔고, 많은 사람이 책 속에 나온 방법으로 수익을 냈다고 메일과 DM으로 감사함을 이야기해 주었다.

두 번째 책 『돈의 시나리오』에서는, 투자의 시대가 마감하기 전 모든 투자물이 고점에 있을 때 이제 '운'으로 버는 시기는 끝났으니 스스로 계획을 가진 투자자가 되어야 함을 강조했다. 지수와 부동산이 최고점에 있을 때 책을 보고 '운'으로 벌었음을 인정한 투자자들은 다행히 투자 자산을 많이 처분했다고 감사 인사를 전해주었다. 그럼 세 번째 책에서는 무엇을 전달하고자 했을까?

우선 많은 사람에게 알려진 내 필명 'JB'가 '주식 투자자'만을 뜻하는 것이 아님을 알리고 싶다. 나는 주식 투자자 이전에 '돈'을 버는 모든 분야를 공부하는 전업 투자자다. 주식은 그저 부를 이루기 위한 하나의 파이프라인이지, 이것이 주업이라고 생각한 적은 단 한 번도 없다. 그래서 최근 10년간은 주식에 관련된 조언보다, 창업과 브랜딩에 관련된 조언으로 부자가 되는 과정을 더 많이 도

왔고, 스스로도 이 분야를 공부하는 데 더 많은 시간을 쏟았다. 그 결과 현재 나는 법인 세 개와 사업체 네 개를 운영하고 있다.

물론 나보다 훨씬 더 많은 돈과 실력을 가진, 각 분야 최고의 사람들에 비해서는 아직 갈 길이 한참 남은 투자자다. 다만 내가 지금까지 걸어온 과정을 스스로 평가하며 '이 정도면 앞으로 우리가 해야 할 것에 대해 부끄럽지 않게 전할 수 있겠다'라는 확신이 들었다. 앞선 두 권의 책처럼, 이 책의 이야기가 필요한 시기가 오리라 믿는다. 그런 확신과 믿음으로 세 번째 책을 시작했다.

그렇다면 앞으로 필요한 돈의 세 번째 이야기란 무엇일까? 결국 이 시기에 돈을 벌기 위한 가장 정직하고 확실한 방법론에 대한 이야기다. 돈은 자기의 시간과 정성을 쏟은 무형자산에서 출발한다는 이야기다. 책 제목처럼 '돈은 결국 자신으로부터 시작된다'는 것을 알려주는 이야기다.

이를 제대로 전달하기 위해 두 가지 요소를 책에 담았다. 첫째로, 투자의 시대가 끝나고 어김없이 찾아오는 창업과 자기계발의 시대, 스마트 스토어, 유튜브, 인스타그램, 블로그, 글쓰기 등등을 하며 지치거나 포기하는 사람들이 왜 실패하고 포기하는지 담았다. 자기의 무형자산을 왜 멋진 부의 씨앗으로 가꾸지 못하는지 솔직하게 표현하고자 했다. 내가 상담했던 1000여 명에게 숨겨져 있던 공통적인 실패 요인을 먼저 알리고자 한 것이다. 책의 또 다른 주인공인 '배상'의 이야기가 소설 중간중간에 삽입되는 이유이기도 하다.

둘째로 성공의 비밀을 법칙으로 담았다. 지난 18년간, 모든 성공은 제각각 특별할 것 같지만 사실은 하나의 패턴으로 설명이 가능하다는 것을 깨달았다. 나도 내가 지켜본 모든 부자의 성공 패턴과 같은 방식으로 걸어왔고 동일하게 성장했다. 그래서 이 패턴을 스물일곱 가지 과정의 이야기로 썼다. 책의 주인공인 '인우'의 부자노트에 쓰여진 내용이 바로 내가 풀었던 문제의 정답과 같은 이야기다.

이 이야기에는 각기 다른 세 명의 관점이 존재한다. 어느 관점으로 해석하느냐는 독자의 몫이다. 이미 1000억 원을 번 사람의 관점, 그의 1000억 원을 훔치고 싶은 사람의 관점, 그의 시간을 배우고 싶은 사람의 관점이 그 세

가지다. 각각의 시선을 자기 나름대로 해석하는 과정에서, 이 이야기를 스스로를 변화시킬 계기로 삼게 되리라 믿는다. 내가 전한 메시지가 아니라 독자가 해석하는 방향이 곧 가치가 된다는 뜻이다.

이 책의 마지막 책장을 덮은 우리가 언젠가 만나, 각자 가진 해석을 하나씩 손에 쥐고 앞으로 해야 할 일을 신나게 늘어놓으며 대화하게 되길 바란다. 기대하는 마음으로, 1000억 자산가 인선을 지금 만나러 가보자.

•

모든 '인우'들에게 건네는 이야기

- 제갈현열

  소설은 인물을 정하는 것에서 출발한다. 특히 주인공은 소설을 이끄는 매우 중요한 요소다. 그래서 주인공은 언제나 특별하다. 은밀한 비밀이나 재미있는 사연을 품고 있는 캐릭터는 그 자체만으로 한 편의 서사가 되기 때문이다.

  이 이야기를 집필하며 가장 먼저 구상한 건 인우라는 주인공이었다. 하지만 인우에게 특별한 비밀이나 사연을 넣지 않았다. 소설의 제1법칙을 처음부터 무너뜨린 것이다. 어디에나 있을 법한, 평범하지만 성실한 사람. 그것이 내가 창조한 인우라는 캐릭터였다.

가장 중요한 주인공을 평범하게 만들어버린 이유는 나의 바람 때문이었다. 독자들이 이 이야기를 읽고 난 뒤 인우라는 인물을 동경의 대상으로 기억하기보다 희망의 대상으로 기억하길 바랐다. '나도 충분히 저렇게 될 수 있다'는 희망 말이다. 이 소설은 환상 속 대리만족을 위해 쓴 것이 아니라 현실 속 자기 변화의 계기가 되기 위해 쓴 것이기 때문이다.

같은 이유로, 인우를 세차장에서 일하는 직원으로 설정했다. 자기 차를 가지지 못한 채 남의 차에 자기 시간과 정성을 쏟아야 하는 것이 인우의 상황이고, 그의 업이다. 이런 주인공을 보며 '이건 주인공이니까 가능한 일이지'라고 여기지 않을 것이라 생각했다. 주인공이 가질 수 있는 특권도 특혜도 모두 버린 인우의 삶이 독자들의 길라잡이가 될 수 있으리라 믿었다. 그렇게 바랐다. 인우의 이야기가 모든 독자에게 하나의 계기가 되기를.

나는 요즘 유난히 바쁜 삶을 살고 있다. 광고인으로 사회생활을 시작한 내가, 기획자와 경영 컨설팅을 지나 어느새 나만의 사업을 추진하는 중이다. 내가 해온 일의 목표는 다양하지만 목적은 하나의 공통분모를 가졌다. 바로 돈이자 부다. 나는 더 많은 돈과 부를 갖기 위해 일하고 있음을 단 한 번도 부정하지 않았다.

사업을 확장하다 보니 성공한 대표들을 만나는 일이 잦아졌다. 모두 남들이 부러워할 만한 부를 이룬 사람들이다. 그런데 세차장에서 일하며 부를 알아가는 소설 속 인우와 전혀 다른 방식으로 출발해 막대한 부를 이룬 현실 속 사업가, 온전한 자기 실력으로 부의 세계를 확장해 나가고 있는 김종봉, 성공을 위해 바쁜 걸음을 옮기고 있는 제갈현열 사이에는 공통점이 있었다. 그때 깨달았다. 부를 추구하는 모든 사람이 가진 공통점을! 그에 대한 확신으로 이 이야기를 쓸 수 있었다.

나의 열한 번째 책이자 종봉 형과 함께한 세 번째 이야기는 내게 더욱 특별하다. 『돈 공부는 처음이라』와 『돈의 시나리오』에서는 많은 것을 배우면서 책을 집필했다. 책을 완성해 나가는 과정 자체도 배움이었고, 그 덕에 많은 것을 얻었다. 그 점에 대해 형에게 늘 감사하다. 그리고 시간이 지나, 전혀 다른 길을 걷는다고 생각했던 나와 형이 어느 지점에서 마주하고 있음을 깨달았다. 주식도 코인도 즐겨 하지 않는 나의 생각과 형의 생각이 놀랍도록 많은 부분에서 일치했던 것이다. 사업가여서, 전업 투자자여서가 아니었다. 그저 돈을 참 좋아하고, 부를 이루기 위해 최선을 다해 노력한 우리였기에 만날 수 있던 지점이었다. 그래서 책을 쓰는 과정에서 그전만큼 치열하게 기획하고 구상하고 협의하지 않아도 괜찮았다. 이 이야기에 나도 형도 이미 담겨 있었기 때문이다. 어쩌면 첫 책을 쓰고 난 뒤, 몇 년간 서로의 삶에서 치열하게 부딪치며 논의한 덕분일지도 모르겠다.

그래서 더 욕심이 난다. 정말 다른 사람인 우리가 이견 없이 공감하고 확신하는 이야기라면 누구에게 전달되더라도 가치 있을 것이라고 생각하기 때문이다. 어느 누구라도 잠시 시간을 내어 이 책을 읽었을 때, 책에서 말하는 메시지와 그 가치가 고스란히 전해지기를 기대한다. 그리고 독자가 이 이야기의 끝에 다다랐을 때, 늘 보던 세상이 어딘지 조금은 달라 보일 수 있기를 희망하고, 또 희망한

다. 인우가 커피 한잔을 내어놓고 당신을 기다린다. 그와
의 커피 한 잔을 지금 시작해 보자.

차례

•

✤

박인선

1000억 자산가다. 대한민국에서 돈에 관해 매우 유명한 인물 중 하나다. 자수성가로 지금의 부를 만들었고 현재는 어떠한 경제적 활동을 하지 않아도 자산이 늘어나는 파이프라인을 완성했다. 개인적인 정보는 대중에게 거의 알려져 있지 않고 스스로도 대답을 피한다. 우연히 인우와 배상을 만나 그들이 던지는 각기 다른 질문들을 통해 각자의 삶에 다른 역할로 관계 맺는다.

김인우

아버지처럼 직업군인의 길을 걸었으나 불의의 사고로 의병 제대 후 세차장 직원으로 일하고 있다. 스스로 특별한 장점이 없는 사람이라고 생각하나, 남들이 가지지 못한 꾸준함과 성실함을 가졌다. 우연한 기회로 인선을 만나 특별한 질문 하나를 던지면서 그의 삶은 바뀌게 된다. 그가 인선과 함께 적어나가는 기록은 책을 관통하는 부에 대한 비밀이다.

반배상

유복한 환경에서 자랐고, 상승장에 코인 투자를 해 제법 많은 돈을 번 경험이 있다. 가정환경과 경제적 상황이 맞물려 늘 자신감이 넘친다. 세상을 조금 우습게 생각하고 모든 걸 쉽게 이룰 수 있을 것이라 착각한다. 승부욕이 넘치며 경험으로 얻은 배움을 자신의 삶에 적용하는 데 능하다. 인선과의 만남에서도 여실히 드러난, 그 당돌한 태도 때문에 생각지도 못한 시련을 겪는다.

1장

"그래서,
제게 무엇이 궁금하세요?"

시작을 만드는 질문과 시련을 만드는 질문

"선생님을 여기까지 오게 만든 배움이 궁금합니다.
　무엇을 배우셨고,
　그것이 어떻게 선생님의 삶을 바꾸었는지 알고 싶습니다."

꿈이라 불렀다. 사기라 부르는 이도 있었다. 때론 희망이자, 가십거리로 씹히는 배 아픔이었다. 누군가는 자괴감이라 말하고 누군가는 나아감이라 평했다. 지나치리만치 솔직한 속물 같은 이야기라, 어쩌면 인생 그 자체일지도 모른다고 했다.

이 모든 것은 그가 하는 강연에 대한 사람들의 평가다. 어울리지 않는 이 많은 표현 중 무엇이 정답인지는 모른다. 애초에 정답 따위가 중요하지 않을지도 모른다.

중요한 건, 세상은 그가 하는 말 한 마디 한 마디를 무시하지 못한다는 것이다. 애정을 담건 미움을 담건 말이다. 그 증거로 1년에 한 번만 열리는 강연을 위해 대관한

홀은 올해도 만석이다. 무료 강연임에도 암암리에 암표가
거래될 정도였다.

1000억 원을 가진 자산가. 그를 대표하는 수식어다. 그
의 말은 항상 직관적이고 날카로웠다. 또한 이해하기 쉬
웠다. 그의 강연을 듣고 있자면 돈이란 참으로 이해하기
쉬운 녀석이었다.

누구나 마음만 먹으면 부자가 될 것만 같았다. 돈으로
바라본 그의 세상은 단순하고 명료했으며, 그가 돈으로
해석하는 인생엔 철학과 통찰이 있었다. 어쭙잖은 전문
지식이나 이론을 자랑하기보다 지금 당장 시대가 원하는
돈의 흐름을 이야기했다.

과거의 영광에 매이기보다 당장, 내일, 내년에 일어날
돈의 흐름을 아이처럼 즐거운 언어로 대중 앞에서 상상했
다. 그 상상은 비교적 정확히 맞아떨어졌다.

돈에 관련해서는 어떠한 질문을 받아도 막힘이 없었으
며 모든 말은 상식적이고 깊이가 있었다. 무엇보다 솔직
했다. 욕을 얻어먹을 수밖에 없는 말이라도 해야 할 때는
과감히 대답했고, 좋게 포장해서 타이를 수 있어도 주저
없이 냉정하게 지적했다.

이런 이유로 언제나 그의 강연이 끝나면 숱한 가십이 쏟아져 나왔다. 유튜버들은 그의 강연 내용을 멋대로 요약해 퍼날랐으며, 자기가 가진 지식으로 재해석하고 깎아내리거나 찬양했다. 그의 말 한마디에 특정 주식이 요동치기도 했다. 돈의 세계에서 그는 작은 거인이었다.

강연이 끝나고 사회자가 올라오자 장내가 술렁였다. 묘한 기대와 흥분이 가득했다. 강연의 하이라이트가 시작되려 했기 때문이다. '1000억 자산가 박인선과의 커피 한 잔'이야말로 매년 인선의 강연이 최고의 인기를 누리는 진짜 이유이기도 했다.

1년에 한 번, 강연을 마치고 인선은 강연 참석자 두 명을 추첨해 커피를 마시는 시간을 가졌다. 그와 커피를 마신 사람은 지금까지 열여덟 명이다. 이들 모두 인선과 커피를 마시며 나눈 이야기는 1000억 원을 줘도 바꾸지 않겠노라 자랑했다.

자기의 인생에 큰 전환점이 되었다는 말과 함께 말이다. 실제로 그들의 삶이 그 이후로 어떻게 바뀌었는지는 모를 일이지만.

자신이 행운의 주인공이 되지 않을까 하는 기대로 부푼 사람들의 시선 속에, 인선이 1000개의 숫자 중 두 개를 말했다. 사회자가 그 숫자를 부르고, 해당하는 사람이 자리에서 일어나기를 요청했다. 강연장 가장 앞자리에서 한 명, 왼쪽 중간쯤에서 한 명이 일어났다.

박수갈채가 쏟아지고, 인선이 이 둘을 향해 커피 한잔이 기대된다는 의례적인 인사를 건넸다. 이윽고 강연이 마무리되자마자 인선은 한 명을 먼저 만났다. 어딘지 때묻은 듯한 옷차림이었지만 얼굴만은 때묻지 않아 보이는 젊은 청년이었다. 인선이 물었다.

"대화를 시작하며 늘 하는 질문을 할게요. 제게 가장 궁금한 것이 무엇이지요?"

"저는….."

2

인우는 서울 외곽에 있는 제법 큰 세차장에서 3년째 일하고 있다. 급한 일이 생길 때면 사장이 안심하고 업장 관리를 부탁하는 데다 그에게 세차를 맡기려는 사람이 꽤 많다는 것에서 그의 실력과 인성을 알 수 있다.

특별한 소명 의식은 없었지만, 자신이 하는 일에 인우는 늘 성심을 다했다. 그 태도는 인우에게 뜻하지 않은 선물 하나를 안겨주었다. 인생을 송두리째 바꿔놓을 선물이었다.

"어렵사리 당첨된 건데, 내 아들은 도대체가 이런 곳에 가려고 하질 않으니 말이야, 오늘도 아침부터 괜히 말다툼만 오지게 했네그려. 나야 이 나이에 뭘 새롭게 배울 것도 아니니, 자네라도 다녀오게."

사장이 인우에게 늘 하던 하소연과 함께 티켓 한 장을 건넸다.

"이게 뭐예요, 사장님?"
"그 왜, 돈 많이 벌었다고 TV에 자주 나오는 양반 하나 있지 않나, 인선인가 뭐시긴가 하는 양반, 그 사람이 1년에 한 번 사람들 모아놓고 무슨 강연 같은 걸 하는데, 그게 그렇게 들어가기가 어렵다고 하더라고. 거래처 갔다가 선물로 한 장 얻었는데 자네가 듣는 게 아무래도 나을 것 같아서."

상대의 선의를 무작정 받지 않는 예의를 몸에 익힌 인우였다. 하지만 왜인지 이번만큼은 그 강연이 무척 궁금했다.

세상 물정에 크게 관심이 없는 인우도 알 만큼 유명한 인선의 이름 때문인지, 돈이라는 매력적인 주제 때문인지, 1년에 한 번밖에 없다는 희소성 때문인지는 알 수 없었다. 그저 사장의 손에 들린 티켓 한 장이 무척 탐이 났다. 마치 운명처럼.

"와, 안 그래도 이 사람 이야기 저도 많이 들어서 궁금했는데 고마워요, 사장님. 잘 들어보고 부자 되면 몇 배로 갚을게요."

평소에 하지 않던 너스레를 떨며 사장에게 티켓을 건

네받고 며칠 뒤 인우는 강연장에 들어섰다. 강연은 생각보다 재미있었다. 인우의 입장에선 막연히 생각하기만 했던 부라는 것을 인선은 쉬운 말로 통찰력 있게 풀어냈다. 하지만 무엇보다 인우의 눈을 사로잡은 것은 인선이라는 사람 그 자체였다.

무심한 듯하면서도 확신을 담은 말투, 청중의 질문을 재미난 농담으로 받아치면서도 결코 상대를 무시하거나 하대하지 않는 태도, 무엇보다 강연하는 내내 스스로 어깨를 치켜올리기보다 최대한 몸을 낮추고 청중과 눈을 마주하려는 자세가 인우의 눈에 새롭게 보였다.

세차라는 업을 하면서 인우는 가끔 그런 사람을 마주했다. 좋은 차를 맡기며 마치 종을 부리듯 하대하는 부류의 사람 말이다.

굳이 말이 아니라도 키를 던지며 이 차가 네 몸값보다 비싸니 알아서 잘 모시란 눈빛을 보이는 사람. 상대의 환경을 돈으로 판단하고는 자기가 가진 돈과 비교한 후 거리낌 없이 계산 값을 분출하는 그런 사람 말이다.

1000억 원을 벌었다는 그에게서는 그런 일그러짐이 단 한 순간도 보이지 않았다. 인우는 문득 그의 삶이 궁금해졌고, 이런 생각을 하는 사이에 강연이 끝나고 사람들이 웅성였다.

이 강연의 하이라이트인 '인선과의 커피 한잔'을 할 수 있는 행운의 주인공을 추첨하는 시간이 왔기 때문이다. 첫 번째 행운의 번호가 불리고 모두의 박수를 받으며 앞자리의 누군가가 일어났다. 사회자가 두 번째 번호를 불렀다.

"두 번째 행운의 번호는, 504번입니다."

인우였다. 얼떨떨한 표정으로 일어서는 순간, 그의 가슴에는 작은 불꽃이 피어났고, 심장이 두근거리기 시작했다. 생전 처음 받아보는 박수 소리 때문은 아니었다.

자신이 자주 보아온 돈의 겉모습과 사뭇 다른 그와의 만남에 대한 기대 때문이었다. 어쩌면 다시 오지 않을 이 작은 만남이 자신의 삶에 작은 파동 하나를 만들 수 있지 않을까 하는 설렘 때문이었다.

만남을 위한 기다림은 길지 않았다. 강연이 끝나고 얼마 지나지 않아 인우는 인선을 만날 수 있었다. 커피 한

잔을 마주하며 인선이 물었다.

"대화를 시작하며 늘 하는 질문을 할게요. 제게 가장
궁금한 것이 무엇이지요?"

"저는⋯."

3

"틀렸어요. 방법도, 대상도, 방향도."

"네? 그게 무슨⋯."

"난 이미 2주일 전에 당신의 회사와 강연에 대한 모든
협의를 마쳤어요. 거기엔 적지 않은 내 시간이 들어갔지
요. 따라서 어떠한 경우에도 여기에 관련된 추가 문의나
협의를 하기 위해 내게 연락하지 말았어야 했어요.

담당자가 퇴사를 했건, 몸이 아파서 병원을 갔건, 그래
서 강연 진행자가 급하게 바뀐 것 따위의 문제는 내가 신
경 써야 할 게 아니에요. 그건 당신과 당신의 회사가 신경
쓸 문제지요. 내 답은 하나입니다.

처음 협의한 대로 그대로 진행해 주세요. 만약 협의된 내용을 모른다면 어떻게든 내가 아닌 다른 누군가를 통해서 알아내세요."

"아, 화가 나시는 것도 충분히 이해합…."

"이해요? 아니요, 전혀 이해하지 못하고 있어요. 조금이라도 이해했다면 이렇게 전화했을 리가 없으니까요. 나는 세상에서 아까운 것이라곤 시간밖에 남지 않은 사람이에요. 그런 내 시간을 이런 말도 안 되는 이유로 뺏으려고 하는 당신이 과연 날 이해했다고 할 수 있을까요?"

"알겠습니다. 그럼 이 건은 제가 이전 담당자와 소통해서 잘 진행하겠습니다."

"진작 그렇게 해야 했어요. 내일 강연장에서 보도록 하지요."

상대의 대답을 들을 사이도 없이 인선은 전화기의 통화 종료 버튼을 눌렀다. 약간의 짜증 섞인 혼잣말을 내뱉었다.

"도대체, 시간이 가장 중요하다는 사실을 알아먹지를

못하는군."

누군가가 자신의 시간을 뺏는 것을 가장 싫어하는 그
였다. 담당자가 급히 바뀌어서 몇 가지 사항을 확인하기
위해 자신에게 연락해 답을 구하는 행위도 그에게는 자신
의 시간을 좀먹는 행위였다.

강연 전날 갑자기 바뀐 담당자가 생각 없이 연락해 시
간을 뺏으려고 했던 일 탓에 어제부터 종일 기분이 좋지
않은 인선이었다.

그런 그였기에 오늘의 강연 역시 유독 심술이 난 채 진
행했다. 누구도 눈치채진 못했겠지만 말이다. 지루할 만
큼 강연이 익숙해진 인선이었다.

강연만큼이나 사람들의 질문도, 그에 대한 답변도 익
숙해졌다 생각했다. 그런 그가 자신의 반평생만큼도 살지
않아 보이는 한 젊은이를 마주하곤 깊은 생각에 잠기게
되었다.

눈앞의 젊은이가 자신에게 던진 신선한 질문 하나 때
문에. 그 질문은 어제까지의 짜증을 날려버리기에 충분
했다.

"저는… 선생님의 배움이 궁금합니다."

"배움이요?"

"선생님의 시간에서, 선생님을 여기까지 오게 만든 배움이 궁금합니다. 무엇을 배우셨고, 그것이 어떻게 선생님의 삶을 바꾸었는지 알고 싶습니다."

"배움이라…."

한동안 생각에 잠겨 말을 잇지 못하는 그였다. 그 모습을 보며 인우가 조심스레 다시 묻는다.

"혹시 선생님께 무례한 질문을 한 것인가요? 그렇다면 정말 죄송…."

"아니에요. 전혀 그렇지 않아요. 다만 이런 질문은 처음이라 잠시 생각에 잠겼어요. 거의 모든 사람은 나와의 대화에서 '어제'를 묻지 않거든요. '내일'을 묻지요.

내년에 크게 오를 부동산이 어디인지, 오늘 내가 사야할 주식이 무엇인지, 때론 앞으로 큰돈을 벌려면 어떤 것들을 해야 하는지 따위 말이지요. 내가 받는 질문 대부분은 '그들의 내일'에 관한 것이에요.

그런데 인우 씨는 '나의 어제'를 물었어요. 그건 쉽사리 대답할 수 없는 질문이지요. 스스로 온전히 살아왔다고 해서 그 삶에 대해 바로 답할 수 있는 것은 아니거든요.

그 전에, 왜 그것이 궁금한가요?"

뜻밖의 물음에 잠시 멈칫한 인우였지만, 이 자리에 오기 전 많은 생각을 했기에 곧 차분히 대답했다.

"선생님이 이루신 막대한 부는 결과입니다. 하나의 결과에 이르는 과정은 다양할 수 있습니다. 제가 궁금한 것은 선생님의 결과가 아니라 선생님이 겪으신 과정이기 때문에 이 질문을 드렸습니다.

제가 오늘 선생님의 강연을 들으며 가장 좋았던 부분은 이야기가 아니라 모습이었습니다. 선생님에겐 겸손과 확신이, 가벼움과 진중함이 함께 있었습니다. 결코 누군가를 하대하지 않으셨고요.

그래서 뭐랄까, 선생님은 선생님이 이루신 돈보다 커 보였습니다. 표현이 서툴러 이게 맞는 표현인진 모르겠지만, 저는 그렇게 느꼈습니다. 그래서 궁금했습니다. 1000억 원이 넘는 자산을 가지신 분이 그 돈 이상의 태도를 보이게 된 과정이 말입니다."

인우의 대답에 자기도 모르게 미소 짓는 인선이었다. 오랜만에 자신을 유심히 관찰하는 사람을 만나서이기도 했지만, 무엇보다 그의 대답이 마음에 들어서였다.

"돈보다 크다⋯. 재미있는 관점이네요. 만약 그런 것이라면 더욱 쉽게 대답할 수 없겠네요. 인우 씨는 자신의 시간과 정성을 들여서 저를 보고 이 질문을 던졌겠지요.
그렇다면 나 역시 내 시간과 정성을 쏟은 후에 대답하는 것이 그에 맞는 대우라고 생각해요. 이 질문에 대한 대답은 조금 미룰게요. 하지만 머지않은 시기에 반드시 답할게요."

이후 인선과 인우는 일반적인 대화를 이어나갔고 커피 한잔의 시간은 자연스럽게 마무리되었다.
며칠 뒤. 인우가 일하는 세차장에 소포 하나가 도착했

다. 인선이 보낸 소포였다. 인우가 소포 상자를 열자 의외의 물건과 함께 짧은 편지가 보였다.

'답을 드립니다. 이것이 나의 가장 큰 배움입니다. 나는 이것을 통해 부를 이뤘고, 내가 번 돈에 휘둘리지 않는 사람이 되었습니다. 이것이 무엇을 의미하는지 인우 씨의 생각을 들려주세요. 일주일 뒤 같은 장소에서 같은 시간에 봐요.'

편지와 함께 인우의 손에 쥐어진 것은, 빨간색 '권투 글러브'였다.

하고자 했던 걸 다 이루진 못해도, 갖고자 하는 것은 다 가졌던 삶. 배상을 한마디로 정의하자면 이랬다.

거침없었다. 배상에게는 구하기 어렵다는 인선의 티켓조차 아버지가 받은 수많은 '선물' 중 하나일 뿐이었다. 남의 말은커녕 부모님의 말도 제대로 듣지 않는 그였지만, 인선이란 이름에는 관심이 있었다. 정확히는 그가 가진 돈에 관심이 있었다.

그가 이 강연장을 찾은 이유도 오직 이 한 가지였다. 처음부터 그의 말이 궁금해서가 아니었다. 그의 돈이 궁금해서였다.

1000명 중에 운 좋은 한 명으로 호명되었을 때에도 그는 별다른 감흥이 없었다. 늘 누려온 혜택 중에 하나라고 생각했다. 이렇게 당첨되지 않았더라도 만나려면 만날 수 있을 것이란 자신감도 있었다.

늘 그래왔으니까. 이런 그의 태도는 인선과 커피 한잔을 할 때에도 그대로 드러났다.

"궁금한 것이 무엇인가요?"

"궁금한 건 딱 하나입니다. 돈을 끌어모으는 당신만의 비법이요."

"당신이라…."

"가진 게 없는 사람일수록 대우받길 바라지요. 그런 사람은 아니겠지요?"

"가진 게 없는 사람이라 생각했다면 이렇게 질문하지도 않았을 텐데요?"

"확신이 있어서 질문한 건 아닙니다. 대답에 따라 달라지겠지요. 나는 내가 본 것만 믿습니다. 나는 내가 납득이 되어야 받아들입니다."

"…좋아요. 어제까지 조금 짜증이 났었는데, 오늘은 여러 가지로 즐겁네요. 내가 돈을 끌어모으는 비법이 궁금하다는 거지요?"

"정확히는, 별다른 일을 특별히 하지 않아도 여전히 많은 돈을 벌어들인다고 알고 있습니다. 기사를 찾아보니 한 해가 다르게 당신을 포장하는 돈의 크기는 커져가고 있더군요. 300억 부자, 500억 부자에서 이젠 1000억 부자라고 하니 그렇게 돈을 기하급수로 늘린 방법이 듣고 싶어졌어요.

미리 말씀드리자면, 나는 남들이 말하는 돈깨나 있는 집안에서 자랐어요. 아직은 내 돈이 아니지만 굳이 돈을 벌려고 노력하지 않아도 평생 먹고사는 데 어려움이 없어요. 부모님도 어디 가서 대접받는 사람들이지, 대접하는 사람들은 아니고요.

돈 버는 것도 쉽더군요. 어렸을 때부터 받은 세뱃돈이니 용돈이니 하는 것들을 모아놨는데, 그걸로 코인을 했더니 1년이 안 되는 사이에 열 배 이상의 수익이 나더라고요.

그때 생각했지요. 역시 돈이 돈을 버는구나. 이렇게 돈을 벌면 되는구나. 싫은 소리 들어가며 남들처럼 노동하지 않아도 돈을 벌 수 있구나, 하고요.

근데 말이지요. 곰곰이 생각해 보니까, 돈을 벌긴 했는데 왜 내가 돈을 벌었는지 잘 모르겠더라고요. 그러니까 결국 이 돈은 운으로 번 거였지요.

그때 이런 생각이 들었어요. 기가 막힌 생각이지요. '이 운 같은 일도 누군가에게는 당연하게 벌어지고 있지 않을까'란 생각. 별 고생 없이 남들이 평생 벌어야 하는 돈을 아무렇지 않게 버는 사람들이 세상엔 있을 거고 그중 한 명이 당신일지 모른다는 생각을 했어요. 그래서 궁금했어요."

"내가 돈을 버는 방식이 배상 님이 이야기한 방식이긴 하지요. 운이라는 불확실성 요소가 전혀 개입되지 않고, 대부분의 사람이 운에 맡기는 복권 당첨금보다 더 많은 돈을 안정적으로 벌고 있으니."

굳이 '님'이란 호칭을 쓰는 인선이었다.

"바로 그 방식이 궁금했어요. 그걸 알려달라는 겁니다. 비법이라서 숨기는 건 아니겠지요? 아니면 흔해 빠진 '노오오력'이라는 말로 대신할 것도 아니고요?

몇 개월 전에 투자로 돈맛을 보고 나서 아빠가 투자에

관심 있거든 만나보라고 해서 투자자 한 명을 만났는데 엄청 실망했거든요.

비법을 알려달라고 했더니, 그런 건 없다면서 시간과 정성이 어쩌고저쩌고 흔해 빠진 설교만 하더라고요. 듣다 말고 짜증 나서 자리를 박차고 일어났지요.

덕분에 아빠한테 엄청 욕 먹었고요. 설마 당신도 그런 사람은 아니겠지요?”

“나는 내 말에 책임을 지는 사람이에요. 그 말은 내가 한 모든 말은 내게 책임이 있단 뜻입니다. 내가 궁금한 게 무엇이냐고 물어봤다는 건 질문하는 것에 내가 아는 한 대답을 하겠다는 말이에요. 걱정 말아요. 알려줄게요. 내가 돈을 버는 방식은, 바로 시스템이에요.”

“시스템이요? 구체적으로 그게 뭔가요?”

“돈을 버는 구조를 설계하는 거지요. 다른 사람들이 내 일을 대신하게 만드는 거예요. 나는 구조를 짜고, 그 구조가 세팅되기까지 비용을 투자하지요.

편의점을 예로 들어볼까요? 장사가 아주 안되는 편의점 하나를 인수해서 이것저것 부대 비용을 모두 빼고 나면 월 100만 원 정도의 수익이 남아요.

내가 전혀 일하지 않고 내내 아르바이트생을 쓴다는 가정 아래인데, 물론 대부분의 사람은 이런 식으로 편의점을 운영하지 않아요.

하지만 나는 그런 편의점을 서른 개 정도 만들어버리지요. 그리고 그 편의점을 총괄해서 운영하는 사람도 한 명 채용하고요. 내게는 그럴 돈이 있으니까.

그럼 월 3000만 원 정도의 이익이 생기겠지요. 아주 최소한의 예상 수익이에요. 실제로는 월 1억 원을 가뿐히 넘을 거예요.

어때요? 나는 이렇게 편의점 서른 개를 가진 사장이 되고, 매월 1억 원씩 따박따박 돈이 들어오게 만들어요. 내가 아는 1000억 원 이상의 자산가들은 모두 이런 식이에요.

자기만의 시스템이 있어요. 굳이 직접 참여하지 않아도 알아서 돌아가게 만드는 시스템이요. 그걸 가지는 게 부의 비법입니다."

"결국 '돈이 돈을 번다'는 말이군요. 당신처럼 돈이 많은 사람이야 그게 쉽겠지만, 편의점 서른 개를 처음부터 가질 정도의 자본력이 있어야 한다는 소리잖아요."

"편의점은 예일 뿐이에요. 자본력이 없어도 시스템을 만드는 건 가능해요. 돈이 돈을 버는 건 내가 선택할 수 있는 옵션일 뿐이에요.

나야 이미 충분한 자본이 있으니까 저렇게 하면 되겠지만, 그렇지 않은 사람도 그런 구조를 짤 순 있지요. 나도 예전에 돈이 충분치 않았을 때는 그랬으니까.

결론은 돈이 돈을 버는 게 아니라 시스템이 돈을 버는 거예요. 시스템을 돈으로 사겠다면, 뭐 돈이 돈을 버는 게 되긴 하겠지만."

"시스템이라⋯. 결국 사람들을 도구처럼 부려서 나를 위해 일하게 만들라는 말이네요."

"그렇게 해석할 수 있지요. 부는 결국 내가 버는 게 아니라 남이 벌어다 주는 거니까요."

"남이 벌어다 준다는 말이 기가 막히게 매력적이네요. 근데 이 간단한 걸 왜 사람들이 하지 않을까요?"

"글쎄요. 하지 않은 걸까요, 하지 못하는 걸까요? 나로서는 알 길이 없지요. 사자가 어떻게 노루 마음을 알겠습니까."

"사자인지 아닌지는 모르겠지만, 알겠습니다. 들을 말

은 다 들었네요. 계속 연락해도 되지요?"

"커피 한잔은 일회성 이벤트인데요."

"책임진다면서요? 나한테 시스템이라는 걸 알려주었는데 그게 진짜인지 아닌지 나는 아직 알 길이 없잖아요. 하다가 안 된다 싶으면 되는 법을 알려줘야지요.

100만 원짜리 TV 하나를 사도 사용하다 고장이 나면 A/S가 되는데, 당신의 커피 한잔이 100만 원짜리 TV보다 책임감이 없는 거였어요?"

"내가 상종하지 않는 부류는 딱 두 가지예요. 하나는 의미 없이 내 시간을 뺏는 사람, 두 번째는 기본적인 예의가 없는 사람. 배상 님은 두 번째에 해당하지요. 근데 그 예의 없음이 내 기준을 넘어서 버렸어요.

하하하. 그래서 내가 상종하고 말고를 판단할 수가 없네요. 이게 예의가 없는 건지, 자신감이 넘쳐서 내가 보지 못하는 그릇인 건지….

좋아요. 배상 님 말처럼 내 말의 책임이 그 정도라면 질게요. 단, 조건이 있어요. 이건 타협의 여지가 없는 조건이에요."

"뭐지요?"

"언제든 찾아오거나 연락해도 좋아요. 단, 내게 찾아올 때는 성공이든 실패든 결과를 가지고 오세요. 같이 고민해 줄 생각은 전혀 없어요. 내 시간이 아까우니까.

성공이든 실패든 가지고 오면 그걸 해석해 드리지요. 그것만 해도 A/S는 충분하지 않나요?"

"알았어요. 실패할 일이 있겠냐마는, 어쨌든 결과를 가지고 그걸 더 끌어올리는 용도로 당신을 이용한다 생각할게요."

"좋습니다. 오늘은 재미있네요. 즐거움이 하나 늘었어요."

"네?"

"혼잣말이에요. 그럼 배상 님이 본인만의 시스템을 잘 만들 수 있기를, 가식적으로나마 응원한다는 말로 오늘 대화를 마무리하지요."

4

같은 계절, 같은 시간, 같은 날씨, 일주일 전과 거의 다르지 않은 호텔의 카페에 일주일 전처럼 두 사람이 앉아 있다. 달라진 것은 호텔 이미지와는 전혀 어울리지 않는 권투 글러브 한 쌍이 이들의 테이블 위에 올려져 있다는 것이다.

"그럴듯한 생각이지만 내가 전한 의미는 아니에요. 다른 생각은?"

몇 번의 문답이 오가는 사이, 인우는 진땀을 빼고 있었고, 인선은 즐기듯 웃으며 아니라는 말만 반복하고 있었다. 아니라는 인선의 말이 끝날 때마다 인우는 다른 답을 전했다.

지난 일주일 사이 부자가 되어 돈에 당당해지는 것 그리고 권투 글러브의 상관관계를 수없이 생각한 인우였다. 가장 먼저 떠올린 생각은 부는 권투처럼 세상과 싸워서 이겨야 얻는 것이란 생각이었다. 혼자만의 싸움을 극복해야 한다, 누군가를 죽일 정도의 각오가 필요하다, 특정한 시기에 자신의 모든 것을 걸어야 한다, 나비처럼 날아올라 벌처럼 쏘는 것처럼 권투의 어떠한 규칙이 부를 이루는 과정과 같을 것이다.

이처럼 다양한 생각을 펼치고 정리해 이 자리에 왔지만 인선이 원한 대답은 아니었다.

"더 없나요?"

"솔직히 말씀드리면 지금까지 드린 대답이 제가 생각한 전부입니다. 아직 부자가 되지 못해서인지 돈을 몰라서인지 제 머릿속엔 이 이상 생각이 나지 않네요. 원하시는 답을 찾지 못해 죄송합니다."

"하하. 아니에요. 인우 씨의 생각이 듣고 싶었던 것이지 내가 생각한 답을 기대한 건 아니었으니까요. 인우 씨의 생각도 모두 가치가 있어요. 각자의 정답이라는 거지요."

"그럼 이제 선생님이 제게 글러브를 주신 이유를 말씀해 주실 수 있나요?"

"초일류의 권투선수는 링 위에서 무엇을 생각하는지 아시나요? 당장 눈앞에 있는 상대의 매 순간만 생각해요.

다음 라운드는 어떻게 상대해야 하는지, 9라운드를 어떻게 끌고 갈 것인지 따위는 고민하지 않아요.

다음을 보지 않는다는 거예요. 오직 지금 해야 할 일에 집중한다는 거지요. 상대의 펀치를 피하고, 빈틈을 노리고, 눈앞의 상대에 어떻게 대응할지에만 집중해요. 제가 부를 이루면서 배운 것은 이것이에요."

인선은 잠시 숨을 고르며 주위를 살피곤 엄청난 비밀을 이야기하듯 인우에게 가까이 가서 나지막이 말했다.

"부는, 근접전(近接戰)이에요."

"근접전이요?"

"네, 근접전! 부는 지금 당장 자기 눈앞에서 자기가 할 수 있는 것을 하나씩 해나갈 때 주어지는 거예요. 1라운드를 잘 버티지 않으면 2라운드가 기다리지 않듯, 2라운드에 쓰러지지 않아야 3라운드, 4라운드가 기다리듯 말이에요.

그런데 많은 사람은 이 개념을 생각하지 않아요. 그들은 오직 9라운드 상대를 KO시킬 펀치에만 관심이 있지요. 내게 돈을 버는 방법을 알려달라고 물어볼 때, 나는 단 한 번도 오답을 말한 적이 없어요. 하지만 내가 말한 정답은 9라운드를 버티고 올라온 나이기에 쓸 수 있는 한 방이에요.

1라운드도 시작하지 않은 사람은 내 말을 결코 자신의 것으로 만들 수 없어요. 매 라운드를 거친 사람만 그 라운드를 지나면서 겪은 경험으로 9라운드 펀치를 날릴 수 있는 법이거든요.

세상에 돈을 버는 비법은 차고도 넘쳐요. 각자 다른 방식으로 돈을 번 너무나 많은 사람이 있거든요. 지금도 그 방법은 책으로, 강연으로, 때론 말도 안 되는 비싼 가격의 교육으로 사람들에게 팔려요.

하지만 그 방법을 알게 되더라도 대부분의 사람은 돈을 벌 수 없어요. 그리고 말하지요. 방법이 잘못되었다고, 더 나은 방법을, 비법을, 공식을 알려달라고요.

잘못된 건 방법이 아니라 그 사람들이에요. 1라운드도 거치지 않고 9라운드의 럭키 펀치를 바라는 그들 말이지요. 그들은 처음부터 질문을 잘못했어요.

'지금의 나처럼' 돈을 벌기 위해서 무엇을 해야 하는지는 그들에게 필요한 답이 아니거든요. 지금의 나를 만든, '과거의 내가' 한 행동이 무엇인지를 물어야 했어요. 그게 이제 시작하는 사람에게 가장 필요한 질문이지요."

다시 숨을 고르고 자세를 고쳐 앉은 뒤 그가 이야기를 이었다.

"부는 근접전이다, 매 순간 자신의 위치에서 필요한 한 가지 한 가지를 이뤄야만 비로소 부에 이를 수 있다. 그렇기에 지름길도 비법도 존재하지 않는다, 오직 오늘 하루 그 일을 하느냐 마느냐로 나뉜다, 이것이 오늘의 나를 만든 가장 큰 배움이에요."

인선의 대답에 생각이 많아진 인우였다. 9라운드에서 승리를 만드는 한 방의 펀치는, 1라운드부터 차곡차곡 싸워온 이가 아니면 허락되지 않는다는 말을 인우는 곱씹었다. 인우의 침묵이 무엇을 의미하는지 아는 듯 인선이 미소 지으며 말했다.

"1라운드를 한번 걸어가 볼 생각이 있어요?"

"네? 무슨 말씀이신지…."

"말 그대로예요. 1라운드에 있는 사람이 어떠한 일을 해야 하는지 알려주겠다는 거예요. 이 긴 게임을 할 생각이 있다면. 아울러 만약 인우 씨가 1라운드를 무사히 마친다면 2라운드에 가는 데 필요한 것을 알려줄게요. 그렇게 매 라운드에 필요한 것을 알려줄 수 있어요."

"너무도 감사한 일입니다만, 제게 그렇게까지 선의를 베푸시는 이유가 무엇인가요?"

"별건 아니에요, 사실 알려준다고 하지만 그 일들이 특별한 건 아니니까. 그리고 내가 예전에 받은 것을 돌려주는 셈 쳐도 되고요."

"예전에 받은 것이요?"

"그건 중요한 건 아니에요. 그냥 오랜만에 내게 신선한 질문을 해준 데 대한 선물이라고 생각해요. 그리고 최근에 만난 한 남자와 비교하는 재미도 있을 것 같고, 이렇게 결이 다른 두 사람을 동시에 만나는 게 제 나름의 즐거움이라면 즐거움이겠네요, 아, 이건 혼잣말이에요.

하지만 내가 도와주겠다고 한 말은 내게도 결코 가볍

지 않다는 사실을 알아줬으면 좋겠어요. 나는 내가 한 말에 책임을 지는 사람이에요.

내가 도와준다는 것은 그만큼 내 시간을 인우 씨를 위해 쓰겠다는 뜻이에요. 인우 씨가 원한다면요."

"잘 알겠습니다. 굳이 말씀하지 않으셔도, 저를 위해서 그렇게 해주신다니 진심으로 감사드립니다. 한편으로 걱정도 들어요. 그럴 자격이나 될까, 괜히 선생님 시간만 뺏는 건 아닐까 하는 걱정이요.

그럼에도 솔직히 궁금합니다. 제가 지금 선생님과 같은 배움에 이르기 위해선 무엇을 해야 하는지…."

"하하. 시간 낭비가 될지 아닐지는 인우 씨가 어떻게 걸어가느냐로 결정되겠지요. 부디 내가 시간 낭비라고 실망하지 않게 되길 바라요."

"네, 최선을 다할게요."

"하하, 반쯤은 농담이니 긴장 풀어요. 잘해나갈 거라고 믿어요. 자, 본론으로 돌아와서 저와 같은 길을 걷기 위한 방법으로 넘어가 보죠. 실은, 지금 인우 씨가 해야 할 일은 간단해요. 우선…."

5

집으로 돌아가는 길. 인우는 차 안에서 깊은 생각에 잠
겼다. 고작 몇십 분 전에 인선과 나눈 마지막 대화 때문이
었다.

대화의 내용이 어려웠기 때문은 아니었다. 오히려 아주
단순했다. 그래서 더욱 생각이 꼬리에 꼬리를 물었다.

"실례가 안 된다면 지금 인우 씨가 세차 일을 하며 한
달에 버는 돈을 알려줄 수 있나요?"

"기본급에 인센티브를 받는 구조라 그때그때 다르지
만, 평균적으로 450만 원 정도 벌고 있습니다."

"인센티브 구조라니, 더욱 좋군요."

인우는 이때까지 인선의 말을 이해하지 못했다.

"지금 해야 할 일을 알려줄게요. 월 1000만 원을 버세
요. 수단과 방법은 중요하지 않아요. 우선 월 1000만 원
을 버는 데 목적을 두고 어떻게든 그 돈을 벌어보세요."

"1000만 원이요? 갑자기⋯."

"시작하지 않았기 때문에 당황스러울 수 있어요. 월 1000만 원이라는 돈이 크게 다가올 수도 있고요. 하지만 나를 믿으세요. 이건 인우 씨가 할 수 있는 일이에요.

사실 누구라도 가능한 일이지요. 다만 모를 뿐이지. 우선 1000만 원을 벌기 위해 모든 생각을 집중해 보세요. 그 과정에서 언제든지 궁금한 것이 있으면 연락해도 좋아요. 물어볼 것이 있다면 물어보고요.

단, 내게 물어보기에 충분할 만큼 고생했다고 생각되면 그때 연락하세요. 명심하세요. 고민이 아니라 고생이에요. 그 말은, 머릿속으로만 생각하지 말라는 거예요.

고민했다면 결론을 내고, 실행하고, 경험하세요. 그 경험을 충분히 했음에도 해결되지 않는 어떤 지점이 있다면 그때 연락하세요. 그래야만 비로소 내 말이 도움될 거예요."

"고생해야 도움이 된다⋯."

"인우 씨를 괴롭히고 싶어서 그런 건 아니에요. 직접 부딪쳐야 비로소 이해되고 자신의 것이 되는 것들이 있기 때문이에요. 특히 돈이 그래요.

박사학위까지 받고 수십 년을 공부한 경제학 교수가 고졸 출신의 슈퍼 개미에게 주식으로 절대 이길 수 없는 이유가 뭔지 알아요?

경제학자는 이론들로 생각만 했지만, 그 슈퍼 개미는 경험했기 때문이에요. 경험했기 때문에 얻어지는 깨달음이 돈의 세계에서는 진짜 깨달음이지요.

다르게 이야기하면 제 말이나 조언이 인우 씨에게 깨달음이 되기 위해선 내가 하는 말 이전의 인우 씨의 경험이 뒷받침해 줘야 한다는 거예요.

제가 말했지요? 부는 결국 근접전이다. 상상과 고민만으로 9라운드까지 갈 수는 없거든요."

"알겠습니다. 선생님의 말씀처럼 1000만 원을 벌기 위해 무엇을 해야 하는지, 고민하고 행동해 보겠습니다."

"응원할게요. 다시 만날 땐 인우 씨가 스스로 경험을 하면서 무엇을 배웠는지 알려주세요. 나도 궁금하거든요. 나와 같은 근접전으로 부에 접근하는 사람이, 나와 다른 무엇을 더 배울지를요. 수강료 대신 받는 것으로 생각할게요."

"명심하겠습니다."

"언제 다시 만날지 모르지만, 건투를 빌어요."

월 1000만 원, 인우는 한 번도 그 금액을 생각해 본 적이 없었다. 적지 않은 경험과 성실함으로 사장에게 인정받고, 섭섭하지 않게 버는 그였다. 하지만 월 1000만 원은 현재 버는 돈의 두 배가 넘는 금액이었다.

방법도 순서도 알려주지 않고 무작정 월 1000만 원부터 벌라는 말이 가혹하고 무책임하게 느껴질 법도 했다. 하지만 인우는 그런 원망으로 자신을 괴롭히기보다 자신이 평가한 인선의 됨됨이를 믿었다.

현재 자신은 알 길이 없지만, 분명 저 말을 한 것에는 이유가 있을 것이다. 또한 충분히 할 수 있는 일이기에 말했을 것이다. 이 과정에서 분명 배울 점이 있을 것이다.

그는 온 관심을 하나에 집중했다. 월 1000만 원을 벌기 위해 해야 하는 것들에 대해서.

그의 인생이 완전히 바뀌게 된 시작점은 첫 번째 만남이 아니라 바로 이 순간이었다. 누군가의 말을 듣는 순간이 아니라 그 말을 자기 생각으로 옮긴 이 순간.

2장

"일단
1000만 원을 벌어 오세요"

일의 값

"너희들 스스로 한 시간에 얼마짜리 가치가 있는
일을 하는지 생각해 본 적이 있어?"

6

가죽 장정의 노트 한 권. 인선과의 대화를 끝내고 돌아오는 길에 인우가 가장 먼저 한 행동은 이 노트를 산 것이었다.

그의 소비 기준으로는 제법 비싼 노트지만, 새로운 일을 하면서 배우게 될 많은 것을 기록하기 위해 구입했다. 예전부터 가지고 있던 인우의 버릇이다.

성실함이란 흔하디흔한 장점 하나를 흔하지 않은 시간 동안 갈고닦은 그는 알고 있었다. 경험했던 것은 기록되지 않으면 언젠간 잃어버린다는 사실을 말이다. 노트의 첫 장에 그는 첫 번째 기록을 남긴다.

- 부를 배우다

1. 부는 근접전이다
2. 1000만 원을 벌어야 한다. 어떻게?

'어떻게?'가 그에게 남은 숙제였다. 잘 알지 못하는 것이니 단순하게 생각하기로 마음먹었다.

성실하게 더 많은 일을 하자. 그가 내린 첫 번째 결론이었다. 인우는 세차장 사장에게 부탁해 영업 시간을 늘려 달라고 제안했다.

사장은 그의 성실함을 믿었기에 인우 홀로 밤 8시 이후부터 원하는 시간만큼 연장해서 세차장을 운영하는 데 동의해 주었다.

한 달 정도 일하면서 인우는 몇 가지를 배웠다. 첫째는 혼자 세차장을 관리하며 세차를 하기가 쉽지 않다는 사실이었다.

카운터를 보는 사장, 자신이 하는 세차를 보조하고 주변 정리를 하는 아르바이트생, 차량을 닦을 때 물 자국을 남기지 않기 위해 함께 도와서 차량을 닦는 직원 없이 오롯이 혼자 세차장을 관리하고 세차하는 일은 생각보다 힘들었다.

평소에는 차량 한 대를 세차하는 데 한 시간이면 족했는데 혼자 하다 보니 한 시간으로는 턱없이 부족했다.

둘째는 아무리 오래 일하려고 해도 밤 10시 이후에는 거짓말처럼 손님이 끊긴다는 사실이었다. 늦은 밤에 세차하는 사람이라면 세차에 취미가 있는 사람들이고, 그들은 보통 셀프 세차장을 이용했다.

설사 세차를 맡기고 싶은 사람이 있다 하더라도 세차를 맡기고 시간을 때우기 위해 가는 카페나 음식점이 대부분 10시 이후에는 문을 닫기 때문에 그들이 시간을 보낼 만한 곳이 없다는 것도 문제였다.

석 달이 넘도록 이 일을 하면서 그는 확신했다. 스스로 일할 수 있는 물리적·상황적 시간은 밤 11시까지였으며, 그가 하루 최대로 세차할 수 있는 차량의 수는 두 대라는 사실을 말이다. 이로써 그는 150만 원 정도의 추가 수익을 만들 수 있었다. 하지만 여전히 인선이 말한 1000만 원에 이르려면 400만 원 이상이 모자랐다.

이 금액을 채우기 위해 그가 선택한 것은 더 많은 노동이었다. 밤 11시 이후에 할 수 있는 일을 알아보고, 선택한 것은 대리운전이었다. 가장 유명한 애플리케이션에 대리기사 등록을 해서 대리운전을 시작했다. 처음 해보는 대리운전에 익숙해지기까지 꽤 많은 시간이 들었다.

모든 일에는 노하우가 존재하는 법이다. 콜을 어떻게 받아야 하며, 어떤 콜이 돈이 되고 또 어떤 콜이 돈이 되지 않는가, 좀 더 효율적으로 일하기 위해 대리를 받는 동선을 어떻게 짜야 하는가 등을 배우는 데 한 달이 넘게 걸렸다.

제법 익숙해지고 나니, 대리운전으로 그는 한 달에 100만 원 정도의 추가 수익을 얻을 수 있었다. 그렇게 6개월을 보냈다. 1000만 원을 벌어보라고 제안받은 날로부터 어느새 계절이 세 번 바뀌었다. 그의 수익은 이제 평균 700만 원 정도가 되었다. 제법 높아졌다고 생각할 수 있는 금액이지만 그는 큰 고민에 사로잡혔다. 자신의 방법이 어딘가 잘못되었음을 깨달은 것이다.

우선 대리기사 일을 하는 것이 결코 자신의 삶에 도움이 되지 않는다는 사실을 인정해야 했다. 밤늦게까지 일을 계속하다 보니 삶의 균형이 무너질 수밖에 없었다. 자연스럽게 몸에 무리가 갔고 이는 본업인 세차 일에도 영향을 끼쳤다. 전에는 듣지 않던 세차 이후의 컴플레인이 하나둘 생겼다. 컴플레인의 이유는 꼼꼼하지 못함이었고,

꼼꼼하지 못함의 뿌리에는 체력적인 흔들림이 있었다. 좀 더 돈을 벌기 위해 일주일에 하루 있는 휴일에 일용직을 시도하다 이내 그만둔 것 역시 같은 이유에서였다. 그나마 하루 쉬는 날에도 육체노동을 하려니 도저히 버틸 수 없었다.

쉬는 날에는 일주일간 지친 몸을 달래느라 종일 침대에 누워 있고, 친구들 모임이나 사회적 관계에 소홀해지는 일이 잦아졌다. 여자 친구와의 다툼도 눈에 띄게 늘어났다. 이 모든 것이 그를 힘들게 만들었다. 돈을 벌기 위해 모든 시간을 쓰다 보니 돈을 쓰기 위한 시간에 충실하지 못하게 된 것이다.

결정적으로 아무리 노력한다고 해도 이렇게 해서는 도저히 한 달에 1000만 원을 벌 수 없다는 것을 인우는 깨달았다. 지난 9개월 동안 '그래도 열심히 하다 보면 야간 세차를 더 많이 할 수 있겠지, 그래도 더 열심히 하다 보면 대리운전으로 조금 더 많은 수익을 얻을 수 있겠지, 지금 하는 일들이 몸에 적응되면 남는 시간에 또 다른 일을 할 수 있는 여유가 생기겠지'라고 생각하며 성실하게 버텨온 그였다.

하지만 결코 지금 하는 이 일이 자신에게 그 이상의 수익 또는 여유를 가져다주지 못한다는 사실을 인정해야만 했다. 어찌 되었건 전환의 계기가 필요한 시점이었다. 생각이든 행동이든. 고심 끝에 휴대전화를 꺼내 든 그는 지난 9개월간 연락하지 않았던 번호를 찾았다.

7

"'시간은 금이다'라는 말을 유심히 생각해 본 적이 있나요?"

오랜만에 만난 두 사람이 나눈 인사치레는 짧았다. 절실함이 두꺼울수록 포장지는 얇아지는 법이니까. 인선은 모든 것을 알고 있는 듯 어떠한 고민을 하고 왔냐고 물었고, 인우는 그간 자신이 했던 노력을 담담하게 말하며, 그 노력의 결과 지금처럼 해서는 결코 1000만 원을 벌 수 없다는 고민을 털어놓았다. 말없이 듣고 있던 인선의 입꼬리가 슬그머니 올라간다.

'그래, 걷다 보니 네가 그 지점에 이르렀구나. 제법 열심히 걸었겠구나.'

"시간은 금이라는 말이요? 워낙 오래된 격언이라 알고는 있습니다. 시간이 그만큼 소중하다는 뜻으로 이해하고 있습니다."

"인우 씨의 지난 9개월의 시간과 노력을 대입해서 다시 한번 생각해 보지요. 인우 씨는 처음 저를 만났을 때보다 250만 원 정도의 수익을 더 벌게 되었어요. 그 수익을 벌기 위해 인우 씨가 했던 노력은 단순해요. '조금 더 많은 시간을 쓰는 것'이지요?"

"네, 맞습니다."

"더 많은 시간을 썼기에 더 많은 돈을 벌게 되었다, 이 말에 시간은 금이라는 말의 첫 번째 뜻이 숨겨져 있어요. 당신은 시간을 돈으로 바꾼 거예요. 이 말은, 시간은 돈으로 바꿀 수 있는 교환 수단, 즉 시간 역시 하나의 화폐란 뜻이지요. 미국 달러를 원화로, 원화를 엔화로 바꿀 수 있듯이 말이에요. 빈손으로 태어난 게 사람이라는 말은 잘못된 말이에요. 누구나 양손에 엄청난 화폐를 가지고 태어나요. 그게 바로 시간이에요. 당신은 지난 9개월 동안 시간이 화폐의 하나라는 사실을 직접 부딪치며 알아온 거예요."

"아, 그렇게 되는군요."

"이 생각의 전환은 굉장히 중요해요. 돈을 번다는 것의 의미를 새롭게 생각할 수 있거든요. 돈을 번다는 것은 바로 돈과 시간을 교환한다는 뜻이에요. 세상 그 어떠한 사람도 시간과 교환하지 않고 돈을 만들 순 없어요. 이렇게 반문할 수도 있어요. 그럼 막대한 돈을 가지고 예금을 넣고 이자를 받는 사람은? 주식이나 부동산에 투자해서 수익금을 올린 사람은?

막대한 돈을 예금에 넣은 사람은 그 돈을 벌기 위해 과거에 투자한 시간이 있을 거예요. 만약 부모님의 유산이라면 그 부모님의 시간이 돈으로 교환되는 과정이 있었을 거고요. 주식이나 부동산도 마찬가지예요. 그 주식과 부동산을 사기 위해 돈을 모았던 시간이 있을 거예요. 예금이자나 주식과 부동산의 가치가 올라가는 데에도 시간이 필요해요. 그게 하루든 10년이든요. 결국 세상에 존재하는 모든 돈은, 시간이란 화폐와 교환되어 만들어져요.

그 시간이 과거냐 현재냐, 남의 시간이냐 내 시간이냐
의 차이일 뿐이지요. 돈은 '번다'라고 하지요. '번다'의 사
전적 의미는 일해 돈을 모으는 행위를 뜻해요. 그리고 일
한다는 것은 일에 시간을 쓰는 것이지요. 결국 처음부터
우리는 이 개념을 온몸으로, 상황으로, 심지어 말로도 받
아들이며 살아왔어요. 돈은 시간을 교환해서 얻는 것이라
는 진리 말이지요."

　인우는 인선의 말에 적잖은 충격을 받았다. 특별히 어
려운 말이 아니었다. 듣다 보면 너무나 당연한 말이었다.
심지어 인선의 말처럼 지금까지 시간을 돈으로 교환하며
살아왔다. 다만 깨닫지 못한 것이다. 규정하지 못한 것이
다. 그래서 신선한 깨달음으로 다가왔다. 인선이 말을 이
었다.

　"이렇게 생각하다 보면 우리는 오늘을 살아가는 대부
분의 사람이 가지고 있는 엄청난 모순 하나를 마주하게
돼요."
　"모순이요?"

"네. 모순이자 역설이지요. 대부분의 사람은 부자가 되길 원해요. 막대한 돈을 벌길 원하지요. 그렇지만 그 돈을 벌기 위한 유일한 방법이 실은 자기 자신에게 있다는 것을 알지 못해요. 심지어 그 방법이 태어나는 순간부터 지금까지 자기 손에 있었던 하나를 이용하는 건데도요.

바로 시간이에요. 돈을 벌고 싶다면 단순하게 더 많은 시간을 돈으로 교환하면 돼요. 시간은 지금도 앞으로도 죽을 때까지 끊임없이 생산되지요. 끊임없이 생산되는 화폐를 돈이란 화폐로 교환만 하면 되는 일이에요.

그런데도 사람들은 어떻게 하지요? 정해진 시간 동안만 일해요. 직장인이 주 52시간 동안 일하는 게 대표적인 예지요. 정해진 시간만큼만 돈으로 교환하면서 정작 돈이 그 이상 주어지길 기대하는 거지요.

돈과 시간의 관계는 바늘 하나 들어갈 틈 없이 철저하고 정직해요. 정해진 시간 이상의 돈이 교환되는 경우는 거의 없어요. 여담이지만 왜 대부분의 직장인이 주식을 하면 돈을 잃는지 알아요? 시간을 쓰지 않았기 때문이에요. 주식으로 돈을 벌기 위해 따로 공부하는 시간을 쓰지 않은 거지요. 그저 뉴스 하나를 보고, 주변 이야기 하나를 듣고 자신이 모은 돈을 주식에 넣곤 오르길 기도하는 게 다예요. 뉴스 하나를 본 시간, 주변에 주식 좀 한다는 친구에게 물어본 시간 외에 아무 시간을 쓰지 않았는데 거기서 돈이 교환되길 바라는 생각이 모순이에요.

그렇지 않아요? 결국 사람들이 돈을 원하는 만큼 벌지 못하는 이유는, 아무도 시간을 화폐라고 생각하지 않기 때문이에요. 시간을 교환해 돈으로 만든다는 생각을 하지 않는 거지요.

하지만 인우 씨는 9개월간 1000만 원을 벌기 위해 처음으로 정해진 시간 이상의 시간을 돈을 위해 사용했어요. 그 결과 시간이 화폐임을 깨달을 수 있었지요. 이건 매우 좋은 신호예요. 이걸 알아야 시간은 금이라는 말의 다음 의미로 넘어갈 수 있거든요."

"다음 의미요?"

"네, 인우 씨가 더 많은 시간을 돈으로 교환했음에도 1000만 원을 벌 수 없었던 이유가 여기에 있어요. 인우 씨의 시간은 아직 세공되지 않았기 때문이에요."

"세공이요? 무슨 말인지 전혀 감이 오질 않네요."

"시간은 금이에요. 그리고 금은 세공할수록 값이 올라

가지요. 그냥 금덩어리는 세상이 정한 대로 값이 매겨지지만, 그 금을 아름다운 반지로 만들면 아름다움에 따라 부르는 게 값이 돼요.

시간은 처음부터 화폐인 동시에 세공 가능한, 말 그대로 진짜 금과 같은 존재라는 거예요. 이게 시간은 금이라는 말에 숨겨진 두 번째 의미예요. 좀 더 쉽게 설명해 보지요.

지금이야 무료함을 달래기 위해 하는 강연이지만 한창 강연으로 수익을 낼 때 내가 강연으로 얼마를 벌었을 것 같아요?

강연 한 번에 300명을 모집했고 강연료로 한 사람당 3만 원을 받았어요. 강연은 두 시간을 했고요. 계산해 보면 그때 저는 한 시간에 450만 원을 번 거예요.

내 시간의 값은 시간당 450만 원이었던 거지요. 그때 최저 시급이 7000원 조금 넘었던 거로 기억해요. 최저 시급이란 나라에서 정한 시간의 최솟값이에요. 세공되기 전의 순수한 금값을 의미하지요. 그때 저는 평범한 사람들이 가진 시간의 값보다 600배가 넘는 값을 받아냈어요. 제 시간이 그만큼 아름답게 세공되어 있었기 때문이에요."

"시간을 세공한다. 무슨 뜻인지 알 것 같습니다. 저는 지난 9개월간 시간을 최대한 많이 투입해 돈을 벌려고 했습니다. 하지만 제 시간의 값을 올리는 것은 생각하지 않았네요. 그러다 보니 아무리 노력해도 월 1000만 원을 벌기 힘들었던 것 같습니다."

"그걸 깨달았다는 것은 문제의 원인을 찾아냈다는 것이고, 모든 문제는 원인을 찾으면 해결이 쉬워져요. 시간이 가진 두 가지 의미를 알았으니 역으로 추산해 볼게요.

인우 씨가 일할 수 있는 최대 시간은 열두 시간이에요. 일주일에 최소 하루는 쉬어야 일을 지속할 수 있으니 인우 씨는 한 달에 평균 26일을 일할 수 있어요. 그럼 312시간이 돈으로 교환할 수 있는 인우 씨의 최대 시간이 되네요.

이를 1000만 원으로 나누면, 대략 시간당 3만 3000원 이상은 벌어야 월 1000만 원이 가능해진다는 이야기예요. 현재 시급을 기준으로 결론을 내리면 결국 인우 씨의 시간은 시장이 정한 값보다 최소 세 배 이상은 세공되어야 월 1000만 원이 가능해지네요. 맞지요?"

"계산해 보니 그렇네요."

"그럼 이제 남은 것은 단순해지지요. 어떻게 시간의 값을 3만 3000원 이상이 되게 세공할 것인가? 여기에 대해선 나는 나만의 답을 알지만 지금 인우 씨에게 알려주진 않을 거예요. 왜인지는 알지요?"

"직접 경험하고 스스로 깨달아야 진짜 앎이 되기 때문이지요. 부는 머리로 계산되는 것이 아니라 경험으로 만들어가는 근접전이니까요."

"하하, 우리의 첫 대화를 아주 잘 기억하고 있네요. 내가 아는 누군가랑은 아주 다르네요. 그 사람은 걷지도 못하면서 날려고 하던데 말이지요. 그래서 곧 고꾸라질 테지만…. 아무튼, 상으로 약간의 힌트를 드리지요. 금은 세공하는 동안에는 오히려 금들이 깎여나간다는 것, 이 말을 배우는 날이 우리가 다시 만날 날이 될 거예요."

"어떤 의미인지 아직은 모르겠지만, 선생님의 말씀을 직접 깨달을 때까지 열심히 해볼게요."

"건투를 빌어요."

인선과의 짧은 대화를 마치고 돌아오면서 인우는 오랜

만에 자신의 노트를 꺼냈다. 지금까지의 경험과 그와의 대화에서 얻은 두 줄의 귀한 가르침을 적는다.

- 부를 배우다-

1. 부는 근접전이다
2. 1000만 원을 벌어야 한다. 어떻게?
3. 시간이란 곧 돈으로 교환할 수 있는 금이다
4. 금은 세공할수록 그 값이 올라간다

"보기 좋게 실패했네요."

"실패는 아니지요. 성공을 위한 과정이라고요."

"다음에 찾아올 때는 결과를 가지고 오기로 약속하지 않았나요? 성공도 실패도 아니라면, 아직은 나를 만날 타이밍이 아닌 거 같은데요? 인정하지 않으면 다음으로 나아갈 수 없는 법이에요."

"네, 기분 좋겠어요. 실패했습니다. 하지만 실패한 건 내가 아니에요. 직원들이 엉망이어서지."

자신이 모은 첫 번째 팀원들을 모두 해고하고 2년 만에 배상은 인선을 찾아왔다. 인선을 만나 시스템이란 비법을 전해 듣고 처음 배상이 했던 일은 어떠한 시스템을 만들 것인가에 대한 고민이었다.

그리 길지 않은 시간이었지만 배상은 여기에 관련된 몇몇 책을 읽고, 유료 교육을 몇 번 들었다. 시스템이란 관점으로 바라보니 세상에는 이미 이 시스템에 대한 다양한 이야기가 존재했음을 쉽게 알 수 있었다. 이게 무슨 비법이냐고 생각할 만큼 시스템에 관한 이야기는 차고 넘쳤다.

여러 이야기를 종합해서 배상은 프랜차이즈가 가능한 장사 아이템으로 자신의 시스템을 만들겠다고 결심했다. 보다 복잡한 형태의 사업이 더 많은 부를 가지고 온다는 사실은 알았으나, 그것을 선뜻 행하기에는 겁이 났다. 최소한 자기가 할 수 있는 일과 없는 일 정도는 구분할 수 있었다.

음식점, 포토카드 부스, 카페, 무인 아이스크림 할인 가게, 다양한 아이템이 그의 눈에 들어왔다. 그중에서 그는 관리하기 편하고 앞으로도 수요가 있을 것 같은 아이템을 선별했다. 하지만 거기에 정작 그의 역량은 빠져 있었다.

처음부터 그가 무엇을 잘할 수 있고, 어떠한 분야에서 경쟁력 있는 아이디어가 있을지에 대한 고민은 하지 않은 것이다. 당연했다. 우선 장사 아이템을 정하면 나머지는 모두 그걸 대신할 사람으로 채워 넣을 생각이었으니까.

인선이 말한 시스템을 그는 여전히 '다른 사람의 힘을 빌려 자신의 돈을 만드는 구조'라고 생각했으니까. 그들이 배상을 위해 돈을 만들어주려면, 정작 배상에게 어떤 것이 있어야 하는지 눈치챌 리 없는 그였다.

그가 결론 내린 수단은 카페였다. 사실 무엇으로 정했는지는 중요하지 않았다. 무엇을 선택하든 그 분야에 강점이 준비되어 있지 않은 그라면 반드시 실패했을 테니까.

음식점이나 무인 아이스크림 가게에 좀 더 매력을 느꼈지만 그에게는 '보여지는 이름'도 중요했다. 카페 체인점 사장이 음식점 사장이나 아이스크림 가게 사장보다는 그에게 매력적인 이름으로 다가왔다.

그렇게 그의 첫 번째 카페가 문을 열었다. 여기서 그는 창업의 거의 모든 부분을 컨설팅 업체에 의뢰한다. 시장에는 아무것도 모르는 사람도 돈만 내면 창업을 시켜 주는 다양한 업체가 존재한다.

약간의 비용을 들여 그들에게 힘을 빌리면 누구나 원하는 업종으로 창업이 가능하다. 하지만 이 업체들은 어디까지나 창업의 구색을 만들어줄 뿐이다. 결국 창업 이후의 일은 본인의 몫이다. 그 몫을 감당할 수 없는 자에게 창업은 독이다. 이 역시 그때의 배상은 몰랐다.

카페가 준비되자 배상은 서둘러 직원들로 매장을 채웠다. 아르바이트 사이트에 구인 글을 등록하자 사람은 쉽게 채워졌다. 직원 네 명을 뽑고, 그중 가장 경력이 많은 직원에게 매니저 자리를 맡겼다.

창업 후 배상은 매장을 크게 신경 쓰지 않았다. 오히려 이후에 프랜차이즈를 준비하기 위해 여러 컨설팅 업체를 방문하느라 많은 시간을 보냈다.

이때까지만 해도 배상은 달콤한 꿈에 부풀어 있었다. 정말로 본인의 공수를 크게 들이지 않고 겉보기에는 번듯한 가게 하나가 생겼으니까. 자신을 대신해 일해 줄 사람들도 하나씩 채워졌으니까.

배상은 시스템이란 녀석이 생각보다 쉽게 자신의 손에 들어온다고 생각했을 것이다. 그러는 사이, 시기를 잘 만나 뜻하지 않은 수익으로 연결된 배상의 자본이 서서히 말라가고 있었다.

이후 1년이 지나도록 어쩐지 매장은 계속해서 고전을 면치 못했다. 수익이 나더라도 투자한 비용에 비해 턱없이 모자랐고, 적자가 나는 달도 적지 않았다. 컨설팅 업체가 많은 백마진을 남기기 위해 추천해 준 장소에, 특색 없는 카페에, 단지 아르바이트로 일하는 직원으로만 채워진 가게가 잘되는 것이 오히려 이상했을 것이다. 그럴 때마다 배상은 직원들에게 짜증 내기 일쑤였다. 좀 더 열심히 하라고, 손님이 오도록 방법을 고민하라고 채근했다.

하지만 그것은 직원들의 몫이 아니었다. 직원들은 어디까지나 자신의 시간을 팔아 합당한 돈을 가져가는 사람들이니까.

끝끝내 배상은 그들이 왜 자신에게 돈을 벌어다 주지 못하는지만 원망할 뿐 이유를 마주하진 못했다. 오히려 배상의 잔소리에 못 이겨 직원들이 그만두기 일쑤였다. 그러다 보니 그의 가게에는 언제나 새로운 직원이 채워지고, 또 떠나갔다.

그렇게 6개월을 더 보내고, 배상은 적자뿐인 가게를 접을 수밖에 없었다. 오늘 모든 처분을 끝낸 배상이 잔뜩 화가 난 채 인선을 마주하고 있었다.

"직원들이 엉망이어서 망했다고 생각하나요?"

"그들은 도무지 열심히 하질 않아요. 매장에 손님이 있든 말든 그저 자리만 채우고 시간만 허비하다 돈만 받아가는 식충이들이에요. 조금만 뭐라고 해도 그만두기 일쑤고요. 근성도 능력도 없어요."

"그렇군요. 속이 많이 상했겠어요. 그래도 한 가지는 배웠네요. 시스템을 만들기 위해서는 양질의 사람이 필요하다는 것을요."

"그거예요. 내 생각같이 열심히 일할 사람만 있으면 충분히 성공했을 텐데, 왜 그런 사람들이 없지요? 왜 다들 자기 일처럼 안 하지요?"

"자기 일이 아니니까요. 잘 생각해 보세요. 가게가 잘되어 봤자 그들에게 무슨 이익이 있겠어요? 결국 수익을 가져가는 건 배상 님인데, 그들이 열심히 해야 할 이유가 있나요?"

"최소한 시키는 일은 잘해야 할 것 아니에요!"

"무엇을 시켰나요? 매장이 잘되게 해라, 더 많은 손님을 끌어와라, 하는 말은 직원에게 할 수 있는 지시가 아니지요. 직원들에게 'What'을 시켜서는 안 돼요. 'How'를 시켜야지요"

"알아듣기 쉽게 말해요. 'What'은 뭐고, 'How'는 뭐예요?"

"직원들에게 단순히 목표를 말하고 그걸 이루라고 하면 어떤 직원도 할 수 없어요. 그 목표를 어떻게 이루는지를 알려줘야지요.

예를 들어 고객이 더 많이 오게 하기 위해서 인사가 중요하다고 생각하면 인사를 어떻게 하는지 알려주고, 커피를 특색 있게 만들어야 한다고 생각하면 특색 있는 커피에 대해 알려줘야지요.

'어떻게'를 알려줘야 일을 하지, 그것 없이 어떻게 배상님이 말했던 것을 스스로 이루겠어요? 그런 사람은 없어요."

"그럼 그걸 제가 처음부터 모두 공부해야 한다는 건가요? 카페를 잘되기 위해서 어떠한 것을 고민해야 하는지 어떤 강점을 가져야 하는지 따위를 일일이 공부하고 찾아야 한다고요?"

"싫으신가요?"

"그게 무슨 시스템이에요? 그런 잡다한 노동을 하기 싫어서 당신을 만나 비법을 알려달라고 한 거잖아요. 결국 그런 걸 다 해야 하면, 그걸 누가 몰라요? 말만 번지르르하지. 처음부터 고생하면서 배우라는 게 무슨 비법이냐고요."

"굳이 그걸 왜 배상 님이 해야 한다고 생각하지요?"

"그게 무슨 말이에요? 직원은 그걸 못 한다면서요?"

"직원은 못 하지요. 하지만 그 고민을 같이할 수 있는 사람, 아니 배상 님이 원하는 것처럼 그 고민을 대신할 사람은 있어요. 세상은 그걸 '동업자'라고 부르지요."

"동업자요?"

"네, 배상 님이 일일이 공부하기 싫다면, 그러는 시간이 너무 아깝다고 생각된다면, 이미 그걸 잘 아는 사람과 함께 일하면 되는 것 아닌가요?

공동의 목표를 가지고 잘되었을 때 이익을 함께 분배받을 수 있다면 사람들은 당연히 자기 일처럼 열심히 하겠지요. 그런 사람들과 함께할 수 있다면 배상 님은 특별히 이것저것 신경 쓸 필요 없이 쉽게 시스템을 만들 수 있지 않겠어요?"

"그런 사람을 어떻게 만나지요?"

"하하하, 그건 배상 님의 몫이지요. 배상 님이 하려는 장사에 충분한 경험이 있다고 판단되는 사람을 찾고 그 사람이 만족할 만한 조건을 제시하면 되겠지요. 가게의 자본금은 배상 님이 내고요. 뭐, 돈이 많다고 하셨으니까 가능하겠지요? 가게의 관리나 운영은 동업자가 맡고 수익은 서로 합리적으로 납득할 수 있는 수준으로 나누고. 그러면 되지 않을까요?"

"그런 방법이 있었군요. 처음부터 이걸 알려주면 좋았을 텐데 왜 이제서야 말하는 거예요?"

"그걸 이제서야 궁금해하셨으니까. 시스템을 만드는 데는 여러 방법이 있어요. 배상 님이 스스로 하는 노력을 싫어하니, 나는 이 방법을 알려준 거고요. 그것 외에도 방법은 다양해요. 내가 그 모든 방법을 다 알려줄 순 없지요. 어떤 상황에서 어떤 방법이 필요한지 모르니까요. 내가 점쟁이는 아니잖아요? 하하."

"동업을 이용한 시스템이라…. 알겠어요. 이번에는 좀 제대로 된 비법을 들은 것 같네요. 바로 해봐야겠어요. 이번에는 성공할 것 같네요."

"자신감은 멋지네요. 여전히 응원합니다."

대화를 마치고 배상이 돌아가자 인선은 나지막이 혼잣
말을 꺼냈다.

"좋은 사람을 만나야 할 텐데…. 근데 좋은 사람이 당
신과 일하려고 할까?"

8

"과연 시간이 지난다고 사람들이 인우 씨의 숨은 노력
을 알아줄까?"

인우의 고민을 한참 동안 생각한 안향이 조심스럽게
말을 건넸다.

"매 순간 최선을 다했고, 지금도 더 잘하기 위해서 노
력하고 있어. 남들 눈에는 그저 그런 세차일지 몰라도 나
는 알아. 내가 하는 세차가 훨씬 섬세하고, 차에 대한 많
은 배려가 담겨 있다는 걸. 어떻게 이걸 모를 수가 있어?"
"나는 알지, 인우 씨가 그동안 얼마나 노력했는지 잘
아니까. 분명 인우 씨가 하는 작업은 다를 거야. 하지만
그건 어디까지나 나니까, 인우 씨의 노력을 알고 있는 나
니까 아는 것일 수도 있어. 인우 씨의 노력을 알지 못하는
사람들의 눈에는 그 차이가 당장 눈에 보이지 않을 수도
있잖아."
"내 눈에는, 아니 누구의 눈에도 보일 정도로 차이가

나는 게 명백….”

“아닐걸, 사람들은 의외로 그렇게 자세히 무언가를 보려 하지 않아. 알려줘야 그제야 알게 되는 게 훨씬 많아. 눈으로 보이는 차이니까 알 거라는 생각 말고, 눈에 보이는 차이라고 말해줘야겠다고 생각해 본 적은 있어?”

“너도 알잖아. 나 생색내는 거 싫어하는 거.”

“그걸 왜 생색이라고 생각해? 아니, 생색이면 어때, 그만큼 인우 씨가 지금까지 고생한 시간을 자랑하는 건데, 알아주길 바라면서 알려주지 않는 체면이 진짜 문제 아냐?”

인우와 대화를 나누는 이안향은 인우의 여자 친구다. 아버지와 어머니 모두 공무원이며, 덕분에 화려하진 않아도 큰 어려움 없이 학창 시절을 보냈다.

대학을 졸업하고 지금은 부모님과 같이 공무원 생활을 하고 있다. 성실한 사람을 좋아하기에 인우와 5년째 열애 중이다. 집안의 영향을 받아, 불안정하거나 위험성 높은 일을 경계하고 안정 지향적인 삶을 원하고 있다.

“아무튼 인우 씨는 잘못한 것 없고 지금까지 그랬듯 잘

하는 중이야. 다만 생각을 조금만 다른 쪽으로 했으면 좋
겠어. 자신의 노력을 비하하지 말고, 미처 생각하지 못한
노력을 좀 더 생각해 보라는 이야기야. 그리고 일도 좋지
만, 건강도 좀 챙기고. 요즘 거울 본 적 있어? 죽어가는 사
람 얼굴이 딱 이런 얼굴이다 싶어, 내가."

지금의 대화를 하기 1년 6개월 전, 인선과 인우는 시간
을 세공하는 주제로 마지막 대화를 했다. 대화를 마치고
돌아온 직후 인우가 가장 먼저 한 일은 대리운전을 그만
두는 것이었다.
시간을 세공하기 위해서 지금처럼 일해서는 도저히 시
간이 나지 않는다는 판단도 있었고, 무엇보다 아무리 생
각해도 대리운전을 하는 시간의 값을 높일 방법이 떠오
르지 않았기 때문이다. 대리운전을 그만두는 덕에 수입은
줄어들었지만 생각하는 시간은 늘었다.
그 시간에 인우는 책을 읽었다. 부자가 되는 법, 돈을
많이 버는 법 등을 알려준다는 책들을 읽으며 그는 그 책
어딘가 숨겨져 있을 것 같은 '시간을 세공하는 법'을 찾아
헤맸다.

그 전에는 자기계발, 특히 돈에 관련된 책은 쓸모없다고 생각했던 그였지만, 새로운 목표가 생기고 나서는 달라졌다. 모든 경험이 오직 그 목표를 중심으로 해석되었던 것이다.

비단 책뿐만 아니라 부를 다루는 유튜브 영상, 세차장에서 만나는 고객들과의 짧은 대화, 하다못해 밥을 먹으며 생각 없이 틀어놓은 TV 속 이야기까지, 모든 것을 자기 고민의 해답을 찾는 도구로 사용했다.

목표와 함께한 경험은 연결 고리로 확장되게 마련이다. 시간을 세공하는 법이란 항목은 돈을 버는 방법으로 연결, 돈을 버는 방법은 다시 능력이란 항목으로, 능력이란 항목은 자기계발이란 항목으로 이어졌다.

인우는 자연스레 돈에 관련된 지식으로부터 자기계발이라는 지식까지 자기 앎의 연결 고리를 확장해 나갔다. 언뜻 보기엔 산발적으로 펼쳐지는 잡다한 것처럼 보일지 몰라도, 거미줄처럼 자신의 지식을 확장해 나가며 그는 찾고 있었다. 자신의 거미줄에 돈을 세공하는 법이란 놈이 걸려들길 말이다.

어느 지점에 다다르자 그는 결론짓는다. 시간을 세공하

는 법의 핵심은 결국 시장이 자기가 하는 일의 가치를 인정하게 만드는 것이라고.

이 결론에 다다르자 자기가 하는 일을 인우는 단순화시켜 바라볼 수 있게 되었다. 현재 그는 150만 원의 기본급과 함께 자신이 일으킨 매출의 20퍼센트를 인센티브로 가져가고 있었다.

자신이 일하는 세차장의 기본 세차 비용은 8만 원이다. 즉, 세차 한 번을 할 때마다 그는 1만 6000원의 추가 금액을 받을 수 있었고, 하루에 그가 세차할 수 있는 최대 차량 수는 여덟 대였다. 인우는 이 값을 높여야 자기 시간이 세공될 수 있음을 깨달았다.

인우는 자신의 값을 높이기 위해 두 가지 목표를 세웠다. 매출의 인센티브를 더 높게 가져가는 것과 고객이 기본 세차가 아닌 더 비싼 서비스를 이용하게 만드는 것이었다. 인센티브가 높아진다면 같은 일을 하고도 더 많은 돈을 가져갈 수 있다. 인우의 시간이 가지는 값이 올라가는 것이다. 고객이 쓰는 비용이 늘어나도 마찬가지다. 기본 세차는 8만 원이지만, 여기에 유막 제거가 더해지면 13만 원, 유리막 코팅까지 하면 최소 30만 원으로 값이 오른다. 인우가 받는 값도 당연히 오르는 것이다.

이 두 가지를 이루기 위해 인우가 필요하다고 생각한 것은 하나였다. 바로 자신만이 보여줄 수 있는 특별한 세차 실력이었다.

당시 인우의 생각은 이랬다. 수익에 대한 이익 배분을 더욱 크게 주장하기 위해서도, 고객에게 더 큰 비용이 지출되는 세차 서비스를 제안하기 위해서도 필요한 것은 자신만의 단골 확보였다.

자신을 찾는 손님이 늘어날수록 더 많은 이익 배분을 주장할 수 있을 것이다. 또한 자기를 믿는 손님이라면 보다 큰 비용의 서비스를 제안하기가 쉬울 것이며 그 제안을 받을 확률도 올라갈 것이다.

이론적으로 그의 생각은 옳았다. 실제로 많은 영업직 직무는 자기만의 거래라인 확보가 곧 회사와의 연봉 협상에서의 유리한 지점으로 이어진다.

개인적으로 관계 맺은 거래라인이 많은 직원일수록 회사는 그에게 더 많은 연봉을 주는 것이다. 또한 가격이 높은 상품 거래일수록 상품성만큼이나 거래하는 대상에 대한 신용도도 중요한 판단 근거로 작용한다.

같은 제안이라도 믿을 수 있는 사람의 제안을 더 쉽게 받아들인다는 것이다. 결국 자신만의 강점으로 자신을 찾는 사람들을 늘리겠다는 그의 계획은 목표를 이루기에 합리적인 해결책이었다.

자신만의 강점을 가지기 위해 인우는 대리운전을 그만두고 남은 시간과 주말 등의 자기 시간을 사용해 세차 기술을 새롭게 익혔다.

막상 배우려고 보니 세차의 세계는 복잡하고 오묘했다. 단순히 세차장에서 제공하는 줄 알았던 세제의 종류도 실상은 몇십 가지가 넘었고 각 세제의 장단점은 모두 달랐다. 어떤 세제는 세척력이 강해 묵은 때를 잘 벗기는가 하면, 어떤 세제는 약간의 코팅제를 포함하고 있어 세차 이후에 유지력을 높이는 역할을 했다.

왁싱이나 유리막 코팅으로 넘어가면 더 복잡해진다. 수많은 방식과 제품이 존재했다. 각각의 방식과 사용되는 제품들의 장단점을 인우는 머리로, 몸으로 익혔다. 인우의 성실함은 이때에도 강점으로 작용했다. 6개월이 지나는 동안 그는 세차에 관한 새로운 경험과 지식을 흡수해 갔다.

다시 1년이 지나자 세차에 대한 그의 지식과 경험은 괄목할 만큼 성장했다. 단순히 세차에 대한 지식뿐만 아니라 오래된 가죽 시트를 복원하는 법, 차에 난 담배 자국을 없애는 법, 케케묵은 에어컨 냄새를 처리하는 법 등 차량 관리의 지식도 함께 늘어났다.

경험의 연결 고리가 이번에도 작용한 것이다. 세차한다는 것과 차량을 관리한다는 것은 명확하게 구분된 영역이 아니었기에 세차를 골몰히 연구한 그가 자연스레 차량 관리에 대한 지식이 많아진 것은 당연한 일이었다.

이 시점에서 인우의 여자 친구에게 고민을 털어놓게 되었다.

"사람들이 알아봐 주질 않아….”라는 말과 함께 말이다.

9

인우의 고민은 정작 자신의 달라진 세차 기술을 사람들이 알아주지 않는다는 것이었다. 그는 세차하며 각 차량에 최적화된 방식으로 세제를 쓰고 화학제를 썼다. 고객이 요청하지 않아도 담배 구멍을 메워주거나 냄새를 제거하는 등 부가적인 일도 해주었다.

이런 노력이 있었기에 인우에게는 세차의 품질 차이가 느껴졌다. 하지만 고객들은 여기에 대해 특별한 코멘트를 하지 않았다.

처음에는 아직 유의미한 차이를 낼 만큼 자신의 세차 실력이 높지 않아서라 생각했는데 아니었다. 시간이 지날수록 늘어나는 자신의 지식과 실력과 비교해 전혀 늘어나지 않는 사람들의 반응을 교차로 경험하며 그는 어딘가 잘못되었음을 느꼈다.

고객들의 무덤덤함과 무관심함에 서운함을 느끼려던 찰나에 안향과의 대화는 그에게 새로운 전환점을 선물해주었다. 고객에게 섭섭함을 느낄 것이 아니라 지금까지 자기 일을 적극적으로 고객에게 알리지 않은 자신에게서 문제를 찾기 시작한 것이다. 흘러가는 유튜브 영상 중 미국의 영화배우이자 주지사인 아널드 슈워제네거가 말한 성공의 법칙이 떠올랐다. '성공하기 위해서 무엇을 해야 하는가?'라는 질문에 그는 약간의 비속어를 섞어가며 이렇게 대답했다.

'자기 일을 X나게 열심히 하고, 그것보다 더욱 X나게 주변에 알리고 다녀라.'

웃어넘겼던 그 말은 삶의 지혜를 관통하는 한마디였다. '언젠간 알아주겠지'란 묵묵한 태도는 결코 자신의 삶에 도움이 되지 않는다. 신제품이 처음 나왔을 때 해야 하는 광고는 'I am Here', 즉 '나 여기 있다'인 것처럼, 타인과 타사에 무관심한 사람들에게 직접 외치고 알려주는 것이 필요한 법이다.

이후 인우는 세차를 맡기고 찾으러 오는 고객들에게 자신이 진행한 세차에 관해 설명했다. 복잡하게 설명하는 것이 아니라 이 세차에서 자신이 가장 특별히 신경 써서 오직 이 차만을 위해 했던 한두 가지의 작업을 설명한 것이다. 예를 들어 '이 차의 가죽 시트가 오래되었길래 복원에 필요한 보강제를 추가로 작업했습니다. 하루 정도 히터 사용을 자제하시고 조심히 앉으세요'라든가 '차량을 세차하다 보니 앞 좌석에 담배 자국이 있길래 담배 자국을 없애기 위해 추가 시술을 진행했습니다' 등의 말이었다.

낯간지러운 생색이라 말하기 쉽지 않을 것이라는 그의
걱정은 고객들의 달라진 반응을 접하며 자연스럽게 사라
졌다. 자기가 한 작업을 직접 설명해 주니 고객들은 그제
야 달라진 점을 눈치채고 자신의 차에 이렇게 신경 써준
데 대해 칭찬하고 고마워한 것이다.

고객의 감사 인사는 그의 입을 더욱 활발하게 움직이
도록 만들었고, 고객의 칭찬은 그가 세차에 더욱 애정을
느끼게 했다. 이로 인해 인우는 실력을 갖추기 위해 더 많
이 노력하게 되었다.

특히나 몇몇 고객이 해당 작업에 대한 추가금, 그러니
까 가죽 시트 복원이나 컴파운드를 이용한 외장재 복원
등 전혀 기대하지 않았던 서비스에 대한 비용을 물어볼
때면, 무료로 해주는 것이라고 웃으며 답하곤 일체의 비
용을 받지 않았다. 자기만의 특별함을 위해 시작한 일이
고, 결국 고객이 만족하면 장기적으로 단골이 될 가능성
이 커지는데 굳이 비용을 받을 필요가 있을까 하는 단순
한 생각에서 그렇게 행동했는데, 그 행동은 생각보다 큰
효과를 불러일으켰다.

만약 비용을 받았다면 사람들은 크게 고마움을 느끼

지 않았을 것이다. 서비스에 대한 대가를 지불한 순간 사람들은 값을 치렀다고 생각하기 때문이다. 하지만 무료로 서비스를 받는 순간 사람들은 마음속에 무언가를 공짜로 받았다는 생각, 즉 빚을 졌다는 생각을 남기게 된다.

인간은 심리적으로 빚진 것을 싫어하고 어떻게든 갚으려는 습성이 있다. 인우가 모르는 사이 인우에게 빚을 졌다고 생각한 사람들은 그 빚을 갚기 위해 인우에 대한 칭찬을 주변 사람에게 전했다.

그 결과 인우가 하는 세차 서비스의 특별함을 아는 사람이 서서히 늘어났다. 이 모든 것은 인우가 별생각 없이 시작한 '무료로 좀 더 나은 서비스 제공하기'에서 비롯되었다.

10

그렇게 다시 6개월이 지났다. 인선과의 마지막 대화 이후 2년이 훌쩍 지난 것이다. 이제는 인우를 찾는 고객들로 인우의 스케줄이 채워졌다.

이사이에 인우가 한 작업이 하나 더 있는데, 바로 자신의 명함을 만드는 일이었다. 그의 세차장에는 세차장 명함은 있었지만, 세차하는 개인의 명함은 없었다. 어찌 보면 당연했다. 누구도 세차장에 차를 맡기지, 사람에게 맡기진 않았으니까.

하지만 인우의 경우는 달랐다. 인우가 주는 특별함을 기억하는 사람들은 다음에 세차장에 와서도 인우를 찾았다. 그들에게 자신의 번호를 좀 더 편하게 알리기 위해 인우는 명함을 제작했다.

명함을 줄 때도 단순히 한 장만 주는 것이 아니라 여섯 장을 주면서 혹시 주변에 세차를 원하는 사람이 있다면 나눠주라고 부탁했다. 이것 역시 인우가 영업에 관련된 책을 통해 배운 홍보 기술이었는데, 제법 잘 먹혔다.

앞서 말했던 것처럼 인우에게 빚진 마음이 있는 사람들이 그 고마움을 표현하기 위해 그 명함을 적극적으로 활용해 주었다.

그렇게 약간의 시간이 지나니, 스케줄 노트를 만들어 관리해야 할 만큼 예약이 인우에게 몰렸다. 인우를 믿고 찾는 사람들이 충분할 만큼 늘어난 것이다. 이 모든 것은 인우가 그동안 고민하며 스스로 발전해 온 결과였다.

이때부터 인우는 단골들에게 조금 더 비용이 들어가는 서비스를 넌지시 제안했다. 그뿐만 아니라 세차만 맡기던 고객이 먼저 인우에게 비싼 서비스를 요청하는 일도 많아졌다.

큰 비용이 나가는 일인 만큼 믿을 만한 사람에게 맡기고 싶은 고객의 욕구와, 인우가 그간 보여준 실력과 신뢰감이 절묘하게 만난 결과였다. 이때에도 인우의 대응은 조금 특별했다.

먼저 인우 스스로가 비싼 서비스를 제안할 때면 항상 '고객을 위한 이유'를 우선으로 제시했다. 예를 들어 '이제 장마철이고 비가 오는데 차에 유막이 너무 많다. 빗길 운전에 위험할 수 있다. 이참에 유막 제거와 발수 코팅도 함께 받으시는 게 어떻겠냐'라는 말이나, '도장면이 거칠어졌는데 이 시기에 왁스를 해두면 도장면을 오래 보호해서 차를 오래 탈 수 있다. 나중에 도장면이 상하면 비용이 배로 든다. 한두 해 안에 차를 파실 게 아니라면 한 번쯤 받아두면 괜찮다'라는 말처럼 말이다. 별것 아닌 것 같은 이런 말들에 인우가 지금까지 보여준 성실함과 신뢰가 합쳐지자 그 말에는 힘이 붙어 추가 서비스를 이용하는 사람이 늘어났다.

반면에 고객이 먼저 어떤 서비스를 요청할 때면 인우는 무작정 그 서비스를 수락하지 않았다. 대신 철저하게 고객의 입장에서 자신의 의견을 설명했다. 예를 들어 11월에 발수 코팅을 의뢰한 고객에게는 '겨울철에는 비가 거의 오지 않아 발수 코팅이 의미가 없다. 어차피 발수 코팅은 시간이 지나면 옅어지니 조금 기다렸다가 3월쯤 하는 게 좋다. 유막 제거만 하시라'든가, 엔진룸 청소를 의뢰하는 사람에게 '지금도 엔진룸이 깨끗하다. 엔진룸 청소를 하는 것은 심리적 만족도 있지만, 엔진룸이 깨끗할수록 정비소에서 견적 후려치기를 안 할 가능성이 커서다. 엔진룸까지 깨끗한 사람이면 차에 애정이 있는 사람일 테고 그런 사람은 차에 대해 잘 알 가능성이 크다고 생각하기 때문에 쉽게 장난을 치지 않는다. 그러니 다음에, 차량 정비를 받기 전날에 다시 오셔라. 그때 하시면 좀 더 좋을 듯하다'라는 말을 건넸다.

이런 인우의 태도는 언뜻 돈을 벌어야 하는 관점에서

는 손해로 보일지도 모른다. 하지만 이런 모습 때문에 고객은 더욱 신뢰를 느껴 그를 더욱 많이 찾고, 더 많이 주변에 홍보하도록 만들었다.

이 모든 것이 계산의 영역은 아니었다. 그저 고객에게 신뢰를 줘야 모든 것이 이뤄진다는 단순한 믿음으로 한 행동이었다. 그것은 옳았다. 처음부터 그가 목표한 1000만 원의 핵심은 더 많은 일이 아니라, 믿음을 기반으로 한 고객의 행동 유도였기 때문이다.

인우의 고객이 늘고 그들이 사용하는 금액이 커지면서 인우는 자연스럽게 자신의 인센티브를 올려달라고 사장에게 제안했다. 사장은 흔쾌히 그의 제안을 들어주었다. 오랜 기간 함께 일하며 쌓인 서로 간의 신뢰감도 있었거니와, 무엇보다 사장의 눈에도 인우의 고객 관리와 서비스 관리가 매장의 매출에 직접적인 기여로 이어지는 것이 보였기 때문이다. 20퍼센트였던 인센티브 비율은 조금씩 늘어 30퍼센트까지 올라갔다.

한 가지 재미난 사실은, 사장이 인우의 행동을 보고 처음에는 쓸데없는 노력을 한다며 핀잔을 주었지만, 점차 그의 행동이 돈이 된다는 사실을 인정했다는 것이다. 그래서 사장은 자기 세차장의 다른 직원들도 그와 같이 행동하길 기대했다. 기꺼이 더 많은 인센티브를 주고서라도 그의 태도를 다른 직원들이 배우길 바란 것이다.

인우 역시 직원들이 가끔 세차에 대한 노하우를 물어볼 때면 아낌없이 지식을 나눠주었다. 하지만 인우를 제외한 어떤 직원도 결국 인우처럼 행동하고 자신의 고객을 확보하지는 못했다.

그들에게는 동기가 없었기 때문이다. 분명 저렇게 하면 더 많은 돈을 벌 수 있다는 것을 알고 있음에도, 저렇게 하기까지 시간을 들여 노력한 것을 따라 할 의지는 부족한 것이다.

대부분의 사람이 저런 모습일지 모른다. 돈을 버는 방법을 몰라서가 아니다. 돈을 버는 방법을 알아도 어제까지 살아온 삶의 방향과 성질을 바꾸기는 어렵다. 그 어려움을 돌파할 계기가 있지 않고서는 말이다. 돈은 방법이 아니라 자기 의지로부터 나온다는 사실을 아는 이는 많지 않다.

다시 6개월이 지났다. 인선과의 대화 이후 어느덧 2년이 지난 것이다. 이제 인우는 대리운전을 하지 않아도 대리운전을 할 때보다 조금 더 많은 돈을 번다.

평균적으로 월 800만 원을 번다. 전보다 육체는 덜 힘들어졌고, 시간은 덜 썼음에도 벌어들이는 돈은 오히려 늘었다. 인우가 가진 금이 2년이란 시간 동안 세공되어 그 가치가 오른 것이다.

하지만 좀처럼 더 늘지 않았다. 그럼에도 인우는 전과 같이 조급해하지 않았다. 아직 원하는 결과에 이르지는 않았지만 여기까지 시간을 보내며 어느덧 인우 자신도 본인의 시간에 자신감이 생겼기 때문이다. 충분히 인정받고, 또한 스스로 자신의 서비스에 대해 자부할 수 있는 자신감 말이다.

자신의 경험을 통해 올 수 있는 지점은 여기까지라 생각했다. 지금까지의 배움에 새로운 전환이 필요한 시점이었다. 간간이 안부 인사로 연락하던 인선에게 인우는 오랜만에 만남을 요청했다. 전화기로 들려온 인선의 목소리에 반가움이 묻어 있었다.

11

"'세공하는 동안에 금은 오히려 깎여나간다'는 말의 의미를 이미 배우셨네요. 훌륭해요."

인우의 근황을 전해 들은 인선의 첫마디는 인우가 걸어온 길에 대한 칭찬이었다. 약간 수척해진 인선이었지만 그 모습을 인우는 미처 눈치채지 못했다. 인선이 말을 이었다.

"나는 세차에 대해 잘 모르지만, 인우 씨가 지난 2년간의 일을 이야기하는 동안 제대로 근접전을 했다는 것은 확실히 느낄 수 있었어요. 대리운전을 그만둔 건 참 잘한 일이에요. 제가 슬쩍 이야기하려고 했지만, 어련히 알아서 깨닫겠거니 해서 별말 하지 않았는데 그 일을 바로 실행했군요. 사실 그 일이 가장 중요했거든요."

"네? 대리운전을 그만둔 일이요? 어째서요?"

"인우 씨가 지금에 이른 건 그만큼 방법을 고민했기 때문이에요. 방법을 고민한다는 건 시간을 쓴다는 것이에

108

요. 결국 시간을 사용하지 않고는 자기만의 길을 찾을 수가 없어요. 대리운전을 계속하면서 고민을 이어나갔다면 아마 지금 인우 씨의 모습은 훨씬 뒤에 찾아왔을 거예요.

생각한다는 건, 생각보다 많은 에너지를 소모하는 일이거든요. 짬짬이 생각해서는 딱 그 정도의 가치만큼만 얻지요. 기억하세요. 시간은 언제나 선택의 도구라는 것을요. 하나를 얻기 위해선 하나를 포기해야 하는 게 시간 활용법이지요."

"그렇군요. 잘 알겠습니다."

"동시에 세차에 본인만의 특별함을 얹는 과정에서 처음부터 고객이 붙지 않았던 것은 인우 씨에게 오히려 약이 되었을 거예요. 그 덕분에 인우 씨는 자신의 시간을 세공하면서 금이 깎여나가는 것을 배울 수 있었으니까요."

"그 말이 잘 이해가 되질 않습니다. 제가 이미 배웠다고 하셨는데, 제가 무엇을 배운 것일까요?"

"돈이 되지 않는 시간을 견딘 거지요. 그 덕분에 돈이 되는 시간을 맞이한 것이고."

"돈이 되지 않는 시간이요?"

"처음 인우 씨가 대리운전을 그만두고 책이나 여러 지

식을 찾을 때나, 그 이후 세차 기술을 늘리기 위해 이것 저것 배우던 그 시기, 나아가 자신의 세차 기술을 사람들에게 인정받기까지 인우 씨의 수익은 어땠나요? 오히려 아무 생각 없이 무작정 일을 늘릴 때에 비해 줄어들었지요?"

"맞습니다. 대리운전으로 벌던 수익도 사라지고, 그 전보다 섬세하게 일하느라 세차에 걸리는 시간이 늘어났으니, 그만큼 하루에 할 수 있는 세차 건수도 줄었거든요. 그 결과 수익도 약간이지만 줄어들었고요"

"바로 그 시간이 돈이 되지 않는 시간이에요. 더 많은 돈을 벌기 위해, 자기 시간의 값을 올리기 위해, 시간이란 금을 세공하기 위해 들이는 시간 말이에요. 그 시간에는 돈을 벌 수 없어요. 오히려 인우 씨처럼 수익이 줄기도 하지요. 하지만 그 시간을 겪어야만 자기 시간의 가치를 올리는 방법을 발견할 수 있어요. 그 방법을 완전히 내 것으로 만드는 데까지 필요한 경험도 할 수 있고요.

결국 인우 씨는 자신의 시간을 돈이 되지 않는 순간을 위해 기꺼이 사용했기 때문에 자기만의 특별한 세차 방법을 개발할 수 있었어요. 또 이를 고객들에게 훌륭하게 전하는 방법도 배울 수 있었고요. 결과적으론 인우 씨가 받는 인센티브를 높여 시간의 가치를 직접 높일 수도 있게 되었지요. 아닌가요?"

"아, 생각해 보니 그렇네요. 제가 답답함을 느꼈고, 헤매던 그 시간이 있었기에 지금의 제가 있는 거네요."

"기억하세요. 이 경험은 무척 중요해요. 앞으로 저와 함께하는 부의 여행이 언제 끝날지는 모르지만, 이 여행 끝까지 인우 씨의 행동을 규정하는 가장 중요한 지표가 될 거예요. 앞으로 인우 씨가 어떤 일을 확장해 나가고 발전해 나가는 모든 시발점에는 이 진리가 있을 거예요. '돈을 벌기 위해서는, 돈이 되지 않는 시간을 견뎌야 한다. 금을 세공하는 동안에 금이 깎여나가는 것은 어쩔 수 없다'라는, 이 진리 말이에요."

"명심하겠습니다. 선생님."

"그래도 이렇게 한 걸음씩 성장하는 모습을 보니 좋네요. 시간은 금이라는 말의 진짜 의미를 모두 이해했으니 이제 다음 단계로 넘어가 보지요. 인우 씨가 지난 3년간 경험으로 얻은 가치는 '세차'에 관한 인우 씨만의 특별함이에요. 그렇지요?"

"네, 덕분에 이제 세차에 관해서는 누구보다 나은 서비스를 제공할 수 있다고 확신합니다."

"좋아요. 그 특별함이 앞으로 인우 씨를 나와 같은 위치까지 끌어올려 줄 거예요. 이제 갓 피어난 그 무기가 앞으로 인우 씨의 경험과 생각을 만나 찬란하게 펼쳐질 생각을 하니 기분이 좋네요."

"하하, 과찬이십니다. 세차를 조금 잘 알고, 잘할 줄 안다고 해서 어찌 선생님과 같은 위치에 쉽게 오를 수 있을까요. 말씀만이라도 감사드립니다."

"그저 칭찬이 아니에요. 사실이에요. 아직 인우 씨만 모를 뿐이에요. 인우 씨의 무기를 어떻게 사용하는지를 말이지요. 아니, 어쩌면 대부분 사람이 깨닫지 못해요. 자기가 가진 '남들보다 조금 나은 무언가'가 얼마나 큰 힘이 될 수 있는지를 말이지요.

쉽게 증명해 볼게요. 나는 약간의 제안을 통해 인우 씨가 여태껏 해결하지 못했던 월 1000만 원을 아주 쉽게 달성하게 만들어줄 거예요."

"그게 가능한가요?"

"가능하지요. 내가 대단해서가 아니라 인우 씨의 지난

3년이 대단해서예요. 지금 인우 씨가 월 소득 1000만 원을 넘기지 못하는 이유는 간단해요. 아직 본인의 특별함을 오직 남의 시간에 맞춰 쓰기 때문이에요.

현재 인우 씨는 세차장 직원으로 일하며 성과 보수를 받아 가는 형태로 수익을 내고 있어요. 더 많은 인센티브를 위해 저녁 8시 이후에는 혼자 세차장에서 일하며 추가 근무를 하고 있고요. 그런데 인우 씨는 여전히 8시 이후의 추가 근무 시간을 '직원'으로서 일하고 있어요."

"네, 다행히 사장님께서 허락해 주신 덕분에."

"왜 그게 다행이지요? 인우 씨 사장님 입장에서는 아무것도 하지 않고 꼬박꼬박 세차 수익의 70퍼센트를 그냥 가져가는 건데도?"

"하지만 제가 일하는 장소는 사장님이 운영하시는 세차장인데 당연히⋯."

"하하. 아니지요. 사장님 입장에서는 원래 저녁 8시 이후의 시간은 돈을 벌 수 없는 시간, 즉 죽은 시간이었어요. 장소는 사장님의 것인지 몰라도, 그 장소에서 사용하는 시간은 오롯이 인우 씨의 시간 아닌가요?"

"그렇긴 하지요."

"그 시간을 이제 오롯이 인우 씨의 시간으로 만들어보도록 하지요. 세차장 사장님께 새로운 제안을 하세요. 밤 8시 이후부터 11시까지 세 시간을 본인이 임대하겠노라고, 그 시간에 차가 있든 없든, 세차를 하든 안 하든 일정 비용을 내겠다고 제안하세요. 사장님 입장에선 거절할 이유가 없을 거예요. 말했듯이 어차피 그 시간과 그 장소는 사장님 입장에선 돈을 만들 수 없는 시간이니까, 그 시간에 추가적인 수익이 발생한다는데 싫어할 사람은 없지요.

그러고 나서 그 시간을 인우 씨만의 특별함을 선물하는 시간으로 고객들에게 홍보하세요. 인우 씨를 믿고 인우 씨에게 세차를 의뢰하는 사람이 많다고 했지요? 이제 그들은 세차뿐만 아니라 차량 관리에 필요한 여러 가지 서비스를 인우 씨에게 요청하고 있고요. 그 사람들에게 제안하세요.

하루에 단 한 대, 한 사람을 위한 특별 세차 프로그램이 있다고, 세차에서부터 내부 스팀이나 유리막 코팅, 왁스, 등 꼼꼼하게 차량을 관리해 준다고 말이지요.

단, 그 시간을 이용하길 원하는 사람에겐 최소 비용을 높게 받으세요. 이를테면 최소 30만 원 이상의 세차 패키지를 이용해야 하는 식으로 말이지요. 한 사람만의 세차 오마카세 같은 거예요. 요리사는 인우 씨고요. 어때요?"

"아직 해보지 않아서 잘 모르겠지만, 불가능할 것 같진 않습니다. 실제로 저를 믿고 세차를 맡기는 고객들이 전보다 늘어났고, 그분들은 제게 단순히 세차뿐만 아니라 이것저것 필요한 추가 서비스도 요청하는 상황이니까요. 예약이 대부분은 차 있고요."

"좋아요. 방금 제가 말한 대로만 할 수 있다면, 인우 씨는 월 1000만 원을 쉽게 넘길 수 있을 거예요. 우리가 대화하는 사이에 바뀐 건 아무것도 없어요. 다만 나는 작은 구조 하나를 제안했어요. 인우 씨의 특별함을 오직 인우 씨만을 위해 쓸 수 있도록 만드는 작은 구조 하나. 그것만으로 인우 씨의 고민이 해결될 실마리가 생겼어요.

모든 것은 인우 씨가 남들보다 나은 어떠한 지점을 가지고 있다는 것, 즉 인우 씨만의 특별함이 있다는 데서 출발했어요. 인우 씨가 가진 무기의 가치가 실감이 나나요?"

"한 번도 그렇게 생각해 본 적은 없지만, 확실히 선생님의 말씀을 들으니 제가 고민하던 것들이 쉽게 해결되는 것 같아요. 더구나 선생님이 하신 말씀의 핵심이 제가 가진 작은 능력에서 시작되었다는 것도 흥미롭고요."

"앞으로 그 무기가 어떻게 바뀌는지 스스로 경험하다 보면 흥미로움은 배가될 거예요. 여기까지 이야기하고 돌아가서 오늘의 제안에 인우 씨의 고민을 더해 구체화해 보세요. 그리고 3년 전 약속했던 월 1000만 원에 이르렀을 때, 아마 또 다른 생각이 머릿속을 스칠 거예요. 그때 다시 만나기로 하지요. 이번에는 그리 오래 걸릴 것 같지 않네요."

인우는 생각했다. 인선의 말에는 묘한 특별함이 있다고. 모든 것을 다 알고 있는 듯 말하지만 결코 먼저 답을 알려주지 않는 태도, 그런데도 어딘가 묻어 있는 자상함, 미래를 알고 있지만 내가 경험하길 애써 기다리듯 채근하지 않고 내 발걸음에 자신의 언어를 맞추려는 모습까지.

사실 지금까지 걸어오며 인선이 구체적으로 인우에게 제안하거나 미리 설명한 지식은 없었다. 모든 것은 인우 스스로 행동한 결과였다. 인선은 그저 작고 가벼운 말 한마디를 던졌을 뿐이다. 그런데도 그 작은 가벼움이 오늘의 인우를 만든 것을 부정할 수 없었다.

오늘 자기 모습의 9할은 자신의 행동이지만 1할은 그의 말이었고, 그 1할은 대체할 수 없는 가치였다. 이런저런 생각을 하며 오랜만에 노트를 펼치고 오늘 나눈 대화를 짧은 몇 줄로 정리하는 그였다.

- 부를 배우다-

1. 부는 근접전이다

2. 1000만 원을 벌어야 한다. 어떻게?

3. 시간이란 곧 돈으로 교환할 수 있는 금이다

4. 금은 세공할수록 그 값이 올라간다

5. 금을 세공해서 만드는 반지의 이름은 특별함이다

6. 그 반지를 만들기 위해서는 깎여나가는 시간을 견뎌야 한다

7. 이 반지는 절대 반지다. 어떻게 사용하느냐에 따라 가치가 달라진다

8. 혼자 성장하는 사람은 없다. 사람은 사람으로부터 배워나간다

12

"이 정도면 되었으려나…."

인우는 통장에 찍힌 지난 몇 개월간의 입금 내역을 보며 나지막이 말했다. 그의 통장에는 지난 매달 꾸준히 찍힌 1000만 원이 넘는 금액이 있었다. 5개월간 꾸준히 말이다.

이번에도 인선이 맞았다. 인우가 자신의 시간을 활용하는 방식을 조금 바꾸자 이내 인선과 처음 약속한 금액을 벌기까지 두 달이 채 걸리지 않았다.

반년 전 인선과의 대화를 마치고 돌아온 인우는 곧바로 사장에게 인선이 말한 것과 같은 제안을 건넸다. 어쩐지 대견하기도 하고 왠지 허전해질 것 같기도 하다는 아리송한 대답을 하며 사장은 인우의 제안을 받아들였다.

경험에서 나오는 통찰로 사장은 알았을지도 모른다. 머지않은 미래에, 이 사람을 자기 품에서 보내야 한다는 사실을 말이다. 간략한 합의를 통해 인우가 지불할 임대료가 결정되었다. 이로써 저녁 8시 이후의 시간은 온전히 인우를 향하게 되었다. 자연스럽게 그 시간 동안 시장과 교환해서 얻는 돈은 인우의 소유가 되는 구조가 만들어진 것이다.

구조를 만들고 나서 인우는 자신에게 예약한 고객들을 대상으로 밤 8시 이후의 서비스에 대해 홍보했다. 무작정 홍보하진 않았다. 스스로 명확히 설명할 순 없지만, 그간의 경험에서 나오는 직감으로 호의적으로 반응할 만한 사람에게만 홍보했다.

중형급 이상의 차를 타는 사람, 평소의 관리 상태를 보건대 차를 아낀다고 느껴지는 사람, 차량 외관에 오래된 흠집을 그대로 놔두지 않는 사람, 태도에서 선민의식이나 의심이 크지 않은 사람에게만 넌지시 홍보한 것이다. 왜 그랬는지는 그 자신도 설명할 수 없다. 다만 오랜 시간 이 일을 하며 만들어진 자기 나름의 기준이 어느새 인우에게도 생겼기 때문일 것이었다.

마땅히 자신의 서비스를 설명하는 방법을 몰랐던 인우는 인선의 말을 그대로 차용했다. 세차 오마카세와 같은 서비스라고 자신의 서비스를 규정한 것이다. 이 말을 인선은 별생각 없이 내뱉었겠지만, 이 단어가 주는 힘은 확실했다.

주방장이 알아서 그날 가장 좋은 재료로 만든 요리를 고객에게 선물하듯, 세차에 진심인 인우가 알아서 고객의 차에 가장 필요한 서비스를 제안해 진행한다는 점, 손님이 추가로 요청하면 요구에 맞춰서 요리해 주듯 고객이 추가로 필요한 서비스가 있다면 이를 충실히 이행해 준다는 점, 크지 않은 매장에서 소수의 손님만 예약으로 받는 것처럼 매일 한 명의 고객에게만 자신의 시간을 모두 할애한다는 점, 인우의 서비스 제안은 여러모로 오마카세 서비스와 닮아 있었다.

고객들은 인우가 제안하는 서비스에 대부분 긍정적으로 반응했다. 여담이지만 그들이 좋은 반응을 보인 이유는 크게 두 가지였다.

이미 지난 몇 번의 경험으로 인우가 가진 세차 실력을 인정하는 동시에 그가 보여주는 꼼꼼함과 전문성, 결코 자기 이익을 위해 불필요한 서비스를 강요하지 않는 모습에 강한 신뢰를 갖는 것이 첫 번째 이유였다. 더 본질적인 두 번째 이유는 인우가 제안하는 세차 오마카세 서비스가 가진 '대접받는 즐거움'이었다.

모든 소비자는 부등가 교환의 성향을 가지고 있다. 같은 값을 지불하고도 그 값 이상의 가치를 기대하는 것이다. 어차피 해야 한다고 생각했던 조금 비싼 세차 서비스를 '같은 값'을 주고도 오직 자신을 위해서만 특별히 시간과 공간을 할애해 진행해 준다는 점은 부등가 교환의 욕구를 만족시키고도 남았다.

재미난 사실은 그런 이유로 인우의 서비스를 이용하는 많은 사람이 사진을 찍고 그것을 자신의 SNS에 남겼다는 점이었다.

#내차꽃단장 #오늘오직내차만 #예약빡센게단점 #사장님실력최고 #세차오마카세

이런 태그들을 달고 고객의 손을 통해 인우의 세차 서비스는 조금씩 알려졌다. 대접받았으면 과시하려는 것이 인간의 본성이다.

사람들의 본성과 인우의 서비스는 절묘하게 맞아떨어졌고 이는 인우의 서비스를 자연스럽게 더 많은 사람에게 홍보하는 결과로 이어졌다. 불편하기 짝이 없는 감성 카폐가 어느새 입소문이 돌아 사람들이 줄을 서는 것과 같은 이치였다. 인우의 세차 오마카세가 예약된 고객들로 문전성시를 이루기까지는 오랜 시간이 걸리지 않았다.

짧다면 짧은 이 기간에 인우는 두 가지 새로운 경험을 맞이한다. 예상치 못한 선물 같은 경험 말이다. 이 역시 경험의 연결 고리 중 하나였다. 첫 번째는 오마카세의 시간 동안 고객을 더 깊이 들여다보고 사유하는 시간을 가질 수 있었던 것이다.

숨 가쁘게 돌아가던 낮의 일정을 뒤로하고 오직 한 차를 위해 저녁의 모든 시간을 할애하는 것은 인우와 고객 오직 둘만 남음을 의미한다.

어떤 고객은 차를 맡겨놓고 다음 날 아침에 찾아가거나 근처 영화관에서 영화 한 편을 보고 오는 등 대화할 시간을 허락하지 않았지만, 몇몇 고객은 세차하는 내내 신기한 듯 자신의 차가 더 예뻐지는 과정을 지켜보며 인우에게 말을 걸었다. 후자는 대부분 차에 애착이 강하고 차량을 직접 관리하는 것에도 관심이 큰 사람이다.

그들과의 대화를 통해 차를 좋아하는 사람들이 차에

대해 어떤 생각을 하고, 또 어떠한 것을 원하는지 인우는 자연스럽게 알게 되었다.

자신이 생각하지 못했던 부분에 대해 물어보는 고객들 덕분에 인우는 해결책을 찾아보게 되었고, 이는 그가 세차의 전반적인 범위를 확장하는 동시에 더 다양한 지식을 습득하게 만들었다.

그렇게 얻은 새로운 지식을 고객에게 다시 전달했을 때 고객의 반응은 당연히 긍정적이었다. 자신의 질문을 잊지 않고 답을 찾아주는 모습에 어떤 고객이 감동받지 않을 수 있을까?

그들의 고마운 인사를 받으며 인우는 고객의 만족이 어디에서 오는가를 온몸으로 경험했다. 결국 고객을 좀 더 자세히 알아갈수록 고객이 더욱 만족하는 지점, 고객이 인우의 서비스에 애착을 느끼는 지점들을 배우게 된 것이다.

대학교 경영학과의 마케팅 강의에서 배울 법한 지식을 인우는 현장에서 그렇게 배워나갔다.

두 번째는 생전 처음으로 블로그를 개설한 것이다. 한 고객이 자신이 인플루언서라며 인우의 세심한 세차 능력과 이런 대접받는 서비스를 혼자 알기 너무 아깝다며 채널을 만들어서 기록해 보라고 조언한 것이 계기였다.

기록하는 것을 좋아하는 그였기에, 매 순간 세차를 하면서 본인 스스로가 배웠거나 또는 뿌듯했던 기억들을 모아서 볼 수 있다면 보람이 있을 것 같단 생각에 그는 곧바로 블로그를 개설했다.

블로그에 다양한 차종과 세차 환경을 일기를 쓰듯 기록했고 이런 그의 행동은 향후 10년간 변함없이 계속된다. 매번 같은 세차일 것 같지만, 차의 종류와 상태가 각기 다르듯 차량별로 할 수 있는 이야기도 다양했다.

직물 시트에 어울리는 스팀 방법과 가죽 시트에 어울리는 스팀 방법은 다르다. 바닥에 묻은 껌을 제거하는 세차법과 바닥에 쏟은 커피를 제거하는 세차법 역시 다르다. 이런 각기 다른 다양한 세차에 관한 이야기가 서서히 그의 블로그를 채웠다.

사진 찍는 데 서투른 그를 짬짬이 여자 친구가 도와주는 바람에 뜻하지 않은 야간 데이트를 자주 하게 되어 두 사람의 관계가 돈독해지게 된 것 역시 덤이었다. 이때에는 알지 못했지만, 이 두 가지 경험은 이후 인우가 내딛는 두 번째 발걸음을 완성하는 데 큰 자산이 된다.

그렇게 얼마간의 시간이 지나자 마침내 인우는 월 1000만 원이 넘는 돈을 벌게 되었다. 처음 계좌에 1000만 원이 넘는 금액이 찍힌 것을 보고 인우는 무작정 인선을 찾아가지 않았다.

첫 달의 요행일지 모르고 이 벌이가 언제까지 이어질지도 모를 일이라 애써 흥분한 자신을 가라앉히려 노력했다. 그 대신 이 금액이 오래 지속하길 바라는 마음으로 더욱 성실히 세차를 공부하고 또한 세차라는 업에 소명 의식을 가지고 임했다.

매번 수익이 다를 수밖에 없는 구조지만 다행히 이후에도 그의 통장에 1000만 원보다 적은 금액이 찍히는 일은 없었다. 그렇게 4개월이 더 지나고 나서 그는 생각했다. 이제는 월 1000만 원을 번다고 자신 있게 이야기할 수 있을 것 같다고. 인우의 노트에 의미 있는 한 줄이 새롭게 기록된다.

- 부를 배우다

1. 부는 근접전이다

2. 1000만 원을 벌어야 한다. 어떻게?

3. 시간이란 곧 돈으로 교환할 수 있는 금이다

4. 금은 세공할수록 그 값이 올라간다

5. 금을 세공해서 만드는 반지의 이름은 특별함이다

6. 그 반지를 만들기 위해서는 깎여나가는 시간을 견뎌야 한다

7. 이 반지는 절대 반지다. 어떻게 사용하느냐에 따라 가치가 달라진다

8. 혼자 성장하는 사람은 없다. 사람은 사람으로부터 배워나간다

9. 00년 00월 00일. 나는 비로소 1000만 원을 벌게 되었다.

13

"너희는 너희가 하는 일이 얼마짜리라고 생각하는데?"

제법 시끄러운 분위기의 술집. 언뜻 인우에게 어울리지 않을 것 같은 시끄러움 속에 그가 앉아 있다. 취기가 느껴질 만큼 쌓인 술병들이 자리가 무르익었음을 말해주고 있었다. 그간 앞만 보고 달려온 인우가 오랜만에 갖는 친구들과의 술자리였다.

오랜 친구들과의 대화가 늘 그런 식으로 흘러가듯, 시시덕거림으로 시작된 이야기는 어느새 취기와 함께 요즈음의 여러 생각과 감정에 관한 대화로 익어가고 있었다. 이 중 가장 오랫동안 머무르는 주제는 내일에 대한 두려움이었다.

누가 먼저랄 것도 없이 먹고살 걱정에 관한 이야기가 술에 취한 입을 통해, 연신 오르내리는 경제 뉴스에 관한 이야기를 통해, 최근에 집을 장만하고 빚에 허덕인다는 한숨을 통해 흘러나온다. 경제라는 두 글자는 이제 30대를 지나는 그들의 주요 관심사였다.

다행히 인우의 오랜 친구 중 이른바 못사는 친구들은 없었다. 부모의 형편에 따라 살아가는 모습은 조금씩 달랐지만 다들 번듯한 직장을 다니고 인정받으며 일반적인 속도의 승진에 누락하는 일 없이 각자의 인생을 걸어가고 있었다.

경제와 그들의 현재 상황이 맞아떨어지면 이어지는 가장 큰 주제는 단연 '연봉'에 대한 이야기다. 각자 현재 받는 연봉을 이야기하고 그 연봉을 가지고 앞으로 어떻게 살아가야 하는지 이야기를 나눈다.

재미난 사실은 그들이 받는 숫자도 그들이 살고자 하는 목표도 달랐지만 공통으로 그들은 현재 자신이 받는 금액에 '불만족'하고 있다는 것이다. 세상 어떤 직장인이 현재 받는 연봉에 만족을 하겠느냐마는.

불만족의 푸념은 현재 받는 돈으로는 장밋빛 미래를 설계할 수 없다는 결론으로 이어진다. 결국 주식이나 부동산 투자에 대한 이야기로 확장된다. 어느 회사 주식이 뜬다더라, 어느 지역이 재개발된다더라, 비트코인도 올해부터는 다시 오른다더라 따위의 이야기에 열을 내며 각자가 알고 있는 지식과 카더라 통신을 늘어놓는다.

인우는 그들의 말을 묵묵히 들으며 가슴속에 어떠한 감정이 피어오르는 것을 느꼈다. 아마 3년 전이었으면 잘 모르는 이야기를 그저 흘려듣거나 적당히 맞장구쳤을 것이다. 하지만 오늘의 그는 달랐다. 여태껏 겪어온 일과 인선과의 대화를 통해 알게 된 몇몇 깨달음이 그들의 말이 어딘가 잘못되어 있음을 끊임없이 지적하고 있었다.

'친구들은 세공 없는 시간으로 과연 자신이 원하는 돈의 지점에 이를 수 있을까?'

인우가 느끼는 잘못됨을 한마디로 정의하면 이것이었다. 잘난 척하기를 싫어하고, 특히나 친구 모임에서 본인의 알량한 생각을 가르치듯 설파하는 성격은 아니었기에, 인우는 묵묵히 듣고 있으려 노력했다. 그러다 불쑥 입을 열었다.

"다 맞는 말인데, 너희들은 직장에서 가장 많은 시간을 보내잖아. 그러면 그 시간을 잘만 활용하면 직장을 다니면서도 원하는 돈을 벌 수 있지 않을까?"

용기를 내서 꺼낸 한마디에 대한 친구들의 반응은 장난 섞인 비웃음이었다. 직장 생활을 안 해봐서 그렇다, 연봉을 모아서 언제 집 사고 차 사냐, 따위의 핀잔이었다.

"너희는 너희가 하는 일이 얼마짜리라고 생각하는데? 한 시간의 값이 얼마라고 생각하냐고. 받는 연봉을 일하는 시간으로 나누면 한 시간의 값이 정해지겠지. 근데 그건 회사가 정한 값이잖아. 그렇게 정해주는 값 말고, 너희들 스스로 한 시간에 얼마짜리 가치가 있는 일을 하는지 생각해 본 적이 있어?"

진지해진 그의 말에 장난기를 멈추고 친구들이 인우를 주목했다.

"만약 자기가 한 시간에 얼마짜리 일을 하고 있는지를 알면, 그 일의 값을 높이기 위해 어떠한 것들을 더 해야 하는지를 알 수 있지 않을까?

영업 일을 하는 민수는 자기가 벌어들이는 매출로 자기 시간을 나누면 한 시간의 값이 나오겠지. 그럼 거기에 더 많은 매출을 올리기 위해 어떤 일을 더 해야 하는가를 고민하면 되는 것이고, 그렇게 하다 보면 더 많은 고객을 만나기 위해 시간을 더 쓴다거나, 같은 고객에게 더 비싼 물건을 팔기 위해 필요한 말재주나 친분을 쌓는 법 따위를 좀 더 공부할 수 있겠지.

그렇게 해서 본인이 한 시간에 벌어들이는 값이 비싸지면 그걸 계기로 더 많은 연봉을 당당하게 요구하면 되지 않을까? 그렇게 하다 보면 승진도 하고 한 걸음씩 올라서 결국 더 높은 급여, 본인이 원하는 만큼의 급여를 받을 수 있지 않을까?

회사 입장에서는 분명 남들보다 더 많은 이익을 줄 수 있는 놈이라고 확인이 된 사람에게 그만큼의 대우를 하지 않을까? 그런 회사가 아니라면 우선 자기 영업력을 자기가 원하는 값에 사줄 수 있는 회사를 알아보면 되겠지. 그런 회사가 없다면, 회사의 힘을 빌려 만든 관계를 잘 활용해 자기 네트워크로 만들고 그걸 무기로 아예 회사를 차리는 것도 방법일 수 있겠지.

너희 말처럼 나는 번듯한 직장을 다니는 것도 아니지만 세차 일 하는 나도 그렇게 노력하다 보니 어느 정도까지는 원하는 돈을 벌 수가 있더라.

세차장에서 막일하는 나도 내 시간 값을 높이기 위해 노력하고 있는데, 나보다 훨씬 잘난 너희는 왜 너희의 시간 값에 대해 생각하지도, 그 값을 높이려고 노력하지도 않아?"

두서없이 말을 쏟아내고, 잠시 숨을 고르며 인우는 다시 말을 이어나갔다.

"가장 많은 시간을 쏟아붓는 직장에서도 그렇게 하지 못하는데 주식이나 부동산을 하면 무작정 돈을 벌 수 있을까? 주식을 잘하기 위해 시간을 들여 노력은 하고 있어? 부동산에 관해 공부는 하고? 나는 주식이나 부동산은 잘 모르지만, 적어도 그것들로 돈을 버는 사람이 단순히 운이 좋거나 정보가 많아서 돈을 번다고는 생각 안 해.

그들 역시 분명 시간을 쏟고 쏟아서 노력한 사람들일 거야. 그 덕분에 그 분야에 특별함을 가진 사람들일 거라고. 그래서 그들이 시간을 들여 주식을 고르고, 부동산을 고르는 시간은 적어도 그런 노력을 하지 않는 사람들의 시간보다 가치가 훨씬 높을 거야. 그러니 그들이 돈을 버는 거겠지. 반면 너희는?

내가 하고 싶은 말은, 결국 사람은 자기가 투자한 시간만큼 돈을 벌고, 시간이란 다시 시간을 쏟는 만큼 가치가 올라간다는 거야. 결국 자기 시간 가치가 높은 사람은 그 시간을 어디에 어떻게 쓰든 그 가치만큼 돈을 번다는 말이야. 돈은 어디든지 널려 있어. 그 돈을 낚는 만큼의 가치 있는 시간을 가진 사람이 적을 뿐이지.

그럼 우리는 돈이 널려 있는 장소가 아니라, 그 돈을 가질 만큼의 자격이 있는지, 자격을 가질 만큼 시간을 쓰고 있는지 고민해야 하는 거 아닐까?"

묘한 침묵이 이어졌다. 인우의 말이 친구들에게 어떤 깨달음이나 영감을 주었기 때문은 아니었다. 그저 자기들끼리 하소연하듯 이야기했던 가벼운 대화에서 눈치 없이 끼어든 어떤 무거움에 대한 불편함이었다.

다른 누군가의 말이 자기 삶을 흔들 만큼의 충격을 주는 일은 흔치 않다. 경험하지 않은 사람은 경험한 사람의 어떠한 가치도 자기 것으로 흡수하지 못한다. 인선의 말이 결국은 옳았다. 인우도 이들의 침묵이 자신의 경험과 생각에 대한 인정이 아님을 느끼고 있었다.

술에 취한 친구 한 녀석이 쓸데없이 분위기 깨는 행동을 하고 있구나 정도로 생각하는 침묵임을 인우도 알고 있었다. 이내 자기 생각을 말한 것을 후회하는 인우였다.

"웃자고 말한 것에 죽자고 달려드냐. 인우 선생님, 멋진 강연 잘 들었고요, 잘 새겨듣고 자기 발전 열심히 하도록 하겠습니다. 자, 한잔들 하자."

친구 한 명이 너스레를 떨며 술자리를 주도했다. 인우 역시 술 먹고 괜히 오지랖 부렸다고 사과하며 분위기를 맞췄다.

잠시 비틀어진 시공간이 제자리를 찾아갔다. 모든 것은 여전히 원래의 자리에 있었다. 인우의 말을 들은 친구들의 생각도, 친구들에게 토해내듯 내뱉은 인우의 생각도. 술자리는 그 후에도 제법 길게 이어졌다.

집으로 돌아가는 길, 방향이 같아 함께 돌아가던 친구 한 명이 인우에게 말했다.

"우리 인우, 열심히 살고 있나 보네. 너는 뭘 해도 잘할 놈이라고 예전부터 생각했어. 아버지 따라 군인 하겠다고 부사관 지원했을 때도 너라면 대한민국 제대로 지킬 거라고 우리끼리 이야기했지.

괜히 훈련 열심히 하다 다쳐서 제대했을 때도 안쓰러운 마음이 들었지만, 걱정은 안 했어. 우리는, 넌 뭘 해도 잘할 놈이라고 믿었으니까.

솔직히 세차장에서 일한다는 말 처음 들었을 때는 엄청 아깝고 아쉬웠는데, 오늘 이야기하는 것 들어보니까 잘하는 것 같네. 우리도 다들 각자 열심히 살고 있어. 그러니까 너무 답답해하지 말고 서로 응원하면서 걸어가자."

친구의 말이 무척이나 고마우면서도, 인우는 어딘지 모를 답답함에 가슴이 메었다. 친구들과는 다른 길을 걷게 된 외로움인지, 혼자 깨달은 무언가를 친한 그들에게 제대로 전달할 수 없는 아쉬움인지 모를 답답함. 집으로 돌아와서 잠이 들기 전 인우는 노트를 꺼냈다.

- 부를 배우다-

1. 부는 근접전이다

2. 1000만 원을 벌어야 한다. 어떻게?

3. 시간이란 곧 돈으로 교환할 수 있는 금이다

4. 금은 세공할수록 그 값이 올라간다

5. 금을 세공해서 만드는 반지의 이름은 특별함이다

6. 그 반지를 만들기 위해서는 깎여나가는 시간을 견뎌야 한다

7. 이 반지는 절대 반지다. 어떻게 사용하느냐에 따라 가치가 달라진다

8. 혼자 성장하는 사람은 없다. 사람은 사람으로부터 배워나간다

9. 00년 00월 00일. 나는 비로소 1000만 원을 벌게 되었다.

10. 나 자신도 고민하지 않는 내 시간의 값은, 그 누구도 매겨주지 않는다

11. 경험해야지만 깨닫게 되는 것들이 있다. 근접전이다. 선생님이 옳았다

언젠간 선생님처럼 성장하게 되었을 때, 그때는 선생님
이 자신에게 그러했듯 아끼고 사랑하는 사람들에게 자신
도 선생님처럼 될 수 있을까. 그런 생각을 이어가며 인우
는 잠을 청했다.

"별일이네요, 회장님이 이렇게 신경을 다 쓰시고…."

"별일, 인가요? 하긴, 차 한잔 이벤트를 처음 생각하고 지금껏 이렇게까지 들여다보는 경우는 없었으니까."

인선이 대화하고 있는 이는 인선의 오랜 동업자이자 인선이 만든 시스템의 일부다. 인선이 가지고 있는 투자 교육 회사의 실질적인 운영자다. 이들은 분기별로 성과 보고 및 전략 회의를 가졌다. 회의의 마지막쯤 사적인 근황 이야기를 나누는 시간이 생겼고, 이때 나온 인우와 배상의 이야기는 동업자의 관심을 끌기에 충분했다. 인선을 잘 아는 그로서는 흔히 보지 못한 일이었으니까.

"어떤 가능성을 보신 건가요?"

"내가 본 건 아니에요. 그들이 보여준 거지. 한 명은 낯설게 하는 질문에서, 한 명은 낯설게 하는 태도에서."

"천하의 박인선을 낯설게 하다니, 어떤 의미든 대단한 친구들 같군요."

"뭐, 한쪽은 대단해지길 기대하고 있어요. 다른 한쪽은… 글쎄요. 내 경험으로는 반드시 망가질 텐데, 모르지요. 내가 경험한 게 전부는 아니니까. 그렇게 생각해 보니 두 명 모두에게 저 나름대로 기대하고 있는 것 같네요. 성장하리라, 예상을 뛰어넘으리라, 하고 말이지요."

"이거 혹시, 후계자 양성하는 것 아니에요? 허허. 말씀을 묘하게 하시니 되레 궁금해지네요."

"후계자라…. 하긴, 이 나이가 되도록 돈 버는 데만 정신이 팔려서 가정을 이루지 못했으니, 그럴 수도 있겠네요. 말씀 듣기 전까지 전혀 생각지도 않았던 건데, 어쩌면 제가 후계자를 만들고 있는 걸지도요. 사람이 살아간다는 건, 결국 살아남는 것을 넘어, 살아가는 것을 지나, 살아 남기는 것이니까. 나 역시도 이젠 슬슬 살아 남기는 것에 신경을 쓰고 있는 것일지도 모르지요…."

여기서 잠시 말을 스스로 삼키는 인선이었다. 그 뒤의 이야기는 굳이 다른 이에게 할 필요가 없는 말이었기에.

"살아남는 것, 살아가는 것, 살아 남기는 것이라…."

"평소에 하던 생각이에요. 사람의 삶이란 무엇일까 고민해 보면 결국 이 세 가지더라고요. 아무것도 가지지 못했을 때는 어떻게든 살아남기 위해 바득대지요. 말 그대로 생존하기 위해서요. 생존이 해결되면 대부분의 시간은 살아가는 데 쓰게 되고요.

말 그대로 살아가는 것에만요. 그러다 어떤 기점이 되면, 그래서 나는 무엇을 남길 것인가 고민하지요. 자식이든 지식이든, 자신이 살아왔다는 증거를 남기기 위해 노력하지요. 사람은 죽어서 이름을 남긴다는 말이 괜한 말이 아니에요."

"살아 남기는 것이라…. 이거 참, 무슨 절에서 스님이랑 이야기하는 기분이 들어요. 같이 도 닦는 느낌이 든달까요. 허허."

"우리도 이제 그럴 때가 되었으니까요. 도 닦듯 지금까지 걸어온 길을 돌아보고, 반성하고, 그래서 앞으로 남은 길을 어떻게 나갈지를 다듬어야 할 나이니까요. 어찌 되었든 확률적으로 살아갈 날이 살아온 날보다 짧은 지점에서 있잖아요."

"아휴, 백세시대에 그게 무슨 말이에요. 아직 멀었어요, 우리."

"그렇다면 좋겠네요. 정말 그럴 수 있다면…"

"아무튼, 근래에 들었던 회장님 이야기 중에 가장 재미있는 이야기였으니까, 다음에도 종종 소식 전해주세요. 저도 궁금해지네요. 그 친구들이 어떻게 성장할지 말이에요.

그나저나, 아까 결론을 내긴 했지만 저는 여전히 걱정되네요. 정말 그렇게 진행해도 될까요? 우리가 조금만 도와주면 충분히 재기할 수 있는 회사인데."

"대표님, 제가 가장 싫어하는 게 뭔지 아시지요?"

"알겠습니다. 한번 결론이 난 것에 대해 다시 시간을 쓰게 만들어서 송구합니다. 아쉬워서 그렇죠, 아쉬워서. 허허."

"사업을 하면서 우리는 지금까지 파트너들에게 필요한 모든 도움을 주는 데 주저함이 없었어요. 그 도움이 직접적인 금전 거래만 아니라면요.

지금까지도, 앞으로도 마찬가지예요. 우리는 절대로 돈을 빌려주거나 거저 주지 않아요. 유망한 회사라고 해서, 그들의 잘못이 아니라 상황의 문제로 곤경에 처했다고 해서 이 기준이 변하는 일은 없어요.

돈거래를 절대 하지 않는다. 이 기준이 저를 여기까지 오게 만들었습니다. 이 점은 누구보다 잘 이해하리라 믿습니다. 따라서 그 건 역시 이 기준을 벗어날 순 없어요.

만약 우리 돈이 없어서 망해야 하는 기업이라면, 망하는 게 맞아요. 망하고 다시 시작해야 해요. 그 과정에서 무언가를 배워야 해요. 그러지 않으면 결국 우리의 격에 맞는 회사로 성장할 수 없습니다. 나는 그런 회사와는 함께 일하고 싶지 않아요."

"네. 그쪽 대표에게는 제가 잘 이야기할게요."

"잘 이야기할 필요 없어요. 제가 한 말 그대로 전해요. 서운해해도 어쩔 수 없지요. 괜히 잘 이야기한답시고 대표님만 나쁜 사람 되지 말라는 이야기예요."

"…알겠습니다."

"오늘은 여기까지 하지요."

마지막 대화의 불편함이 신경 쓰였는지 대표는 대화의

마무리를 위해 주제를 살짝 바꾸었다.

　"아, 그래서 그 친구들은 지금 뭐 하고 있나요? 대표님이 알려주신 걸 잘하고 있을까요?"
　"뭐, 어디선가 방황하고 있겠지요."
　"방황이요?"
　"네. 어찌 되었건 둘 다 각자의 방식으로 노력하고 있으니까요. 인간은, 노력하는 한 방황하는 법이고요. 파우스트처럼요."

"사기요? 허허."

"네, 사기요. 아주 보기 좋게 당했네요. 내 이 자식들을
고소해서 콩밥을 먹일 거예요."

"이 정도로 방황하고 있을 줄은 몰랐네그려. 허허."

인선에게 동업이라는 형태의 새로운 방법을 알게 된
배상은 그날부터 동업자를 찾기 위해 여러 가지 노력을
했다. 가장 먼저 한 일은 여러 창업 모임에 가입하고 참여
하면서 네트워크를 만드는 일이었다. 직원이 아닌 함께
일할 사람을 찾기 위해서는 단순히 구직을 통해서 해결되

지 않음을 그도 알았다.

 누울 곳을 보고 다리를 뻗어야 하는 것처럼, 처음부터 창업에 뜻이 있는 사람들이 모인 곳이라면 그가 원하는 동업자를 찾기 쉬울 것이라는 계산 때문이었다. 하지만 이 역시 어쩌면 잘못된 선택이었다는 것을 그는 알지 못했다. 원하는 사람들이 모여 있는 곳에 가는 것 이상으로 필요한 한 가지 질문을 그는 아직 깨닫지 못한 것이다.

 '과연 그들도 배상을 원하는가.'

 하지만 창업 모임에 준비 없이 참여한 것이 꼭 그에게 해가 되는 것은 아니었다. 창업을 준비하는 사람들과 함께하다 보니 창업에 관련된 여러 가지 지식이 어설프게나마 쌓이게 된 것이다.

 어깨너머로 배운다는 말이 딱 그에게 맞는 말이었다. 창업 자리에서 다양한 사람의 의견을 들으며 그의 시야는 조금씩 넓어졌다.

 하지만 여전히 자신이 왜 필요한지, 왜 자신과 동업을 해야 하는지 명확히 설명할 수 없는 그였다. 유복한 환경과 아직 남은 자본을 배경으로 한 자신감은 많은 이의 관심과 호감을 불렀지만 역시나 그뿐이었다.

몇몇 사람이 보인 관심이 조금 깊은 단계로 진행되는 경우도 왕왕 있었다. 하지만 이 역시 결정적인 수확으로 발전되지는 않았다. 창업 모임에 오는 사람 대부분은 아직 창업을 하지 않은 사람 또는 배상처럼 창업을 했으나 성공하지 못한 사람들이다. 그들 중 배상이 필요한 '창업을 성공시킬 능력을 가진 사람'을 찾기란 쉽지 않았다.

때론 배상이 보여줄 것이 없다는 이유로, 때론 배상이 만족할 만큼 능력을 갖추지 못했다는 이유로, 각기 다른 서로의 계산기는 언제나 서로에게 불합격을 주었다.

하지만 모임뿐만 아니라 창업 박람회나 창업 교육 프로그램 따위를 찾아다니던 시기에 배상은 행복감을 느끼고 있었다.

여러 이유야 있겠지만 결정적인 이유는 스스로가 '시스템의 주인'이 될 준비를 하고 있다는 심리적 만족감 때문이었다. 어디를 나가든 자신과 같은 사람들이 있다는 것, 그중에서 집안 환경이나 현재 가진 자본의 양 따위를 견줬을 때 결코 자신이 낮은 등급은 아니라는 착각은 그에게 고양감을 주기 충분했다.

그렇게 1년 동안 배상은 동업자를 찾아다니는 여정을 멈추지 않았다. 정확히는 동업자 찾는 노력이란 포장지에 감춰진 심리적 상대적 우월감에 취한 채 1년을 보냈다. 이 과정에서 얻는 것은 있었지만 아무래도 시간의 밀도와 순도는 낮을 수밖에 없었다. 시간이 지나면서 서서히 별다를 것 없는 경험, 별다를 것 없는 모임, 별다를 것 없는 대화라 느껴질 때쯤 배상은 동업자 후보 몇 명을 만났다.

아이러니한 것은, 배상이 만난 동업자 후보 세 명 중 두 명은 배상이 지난 1년간 열심히 다닌 창업 모임이 아닌 다른 곳에서 만났다는 것이다.

창업 모임에서 알게 된 사람이 추천해 준 사업 매칭 프로그램에서였다. 정부가 운영하는 프로그램이었다. 취업난이 해소되지 않다 보니 정부는 취업뿐만 아니라 창업에 관련된 여러 지원 프로그램도 운영했는데 그중 배상처럼 동업자를 원하는 사람들을 위한 프로그램도 있었던 것이다.

배상은 셋 중 두 명을 동업자로 선택했다. 한 명은 다년간의 창업 컨설팅 경험을 가진 컨설턴트 출신으로, 이 경험을 기반으로 자신의 창업을 준비하는 사람이었다. 나머지 한 명은 지난 10년 동안 다양한 창업 프로그램에 도전하고 실제 창업도 여러 번 한 사람이었다. 배상은 창업에 필요한 초기 자본을, 컨설턴트 출신은 회계 관리와 외부 연계 사업 확장을, 창업 경험이 많은 사람은 실제 매장 운영을 하기로 결정했다. 그리고 다시 1년이 지나서 잔뜩 화가 나 있는 배상을, 인선은 마주하게 되었다.

"어떤 사기를 당했다는 거지요?"

"말만 그럴싸하게 하고 잔뜩 설레발을 쳐서 남의 돈만 뜯어 가더니, 쥐뿔 능력도 없는 것들이 돈만 날리게 만들었어요.

장사가 잘될 때도 있고 안될 때도 있지, 그거 조금 힘들다고 한 놈은 다시 컨설턴트로 복직한다 그러고, 나머지 한 놈은 자기 아이템으로 따로 장사를 한다 그러고, 미치겠어요."

"처음 동업에 대한 합의를 할 때 이런 상황을 대비한 조항을 넣지 않았나요?"

"몰랐지요. 수익 배분이나 지분에 대한 것들은 확실히

정해서 이 정도면 되었다고 생각했는데….”

“지분과 수익 배분은 일이 잘되었을 때 이야기지요. 동업 계약서의 목적은 일이 잘되었을 때를 대비하기 위함이 아니에요. 일이 잘되지 않았을 때 각자 어떠한 책임을 질 것인가를 위해서지. 보아하니 그 계약서에서는 해당 동업을 파기할 경우에 대한 배상 책임이 없었겠군요. 아마 그 계약서는 컨설턴트 출신의 동업자가 만들어 왔을 거예요, 그렇지요?”

“…맞아요.”

“뭐, 사기는 아니네요. 계약서 내용만 보자면 언제 어떤 경우에서든 각자 맡고 있는 동업을 정리할 수 있을 테니까, 나가더라도 지분만 돌려주고 나가면 될 테고, 나가는 이유야 장사가 생각처럼 잘되지 않아서일 텐데, 망해가는 가게의 지분이야 아까울 게 있겠어요?

보아하니 그 컨설턴트 출신이라는 사람이 자기한테 유리한 대로 초기에 세팅을 해놨네요. 먹고 배운 게 도둑질이라고 컨설턴트 쪽에는 이런 일들이 비일비재하니까. 결정적으로 거기에 배상 님이 동의를 하고 사인한 순간, 어쩔 수 없지요.”

"결국 내 돈만 또 날렸네요. 초기 자본을 거의 내가 냈는데, 이제 와서 가게 정리를 한다고 하더라도 손실이 이만저만이 아닐 것 같아요. 이게 다 동업하라고 권한 당신 책임 아니에요?"

"동업을 해서 망한 게 아니지요. 맞지 않은 사람과 동업해서 망한 거지. 내 책임이라고 말하는 건 너무 무책임한 발언 아닌가요? 내가 그 사람들과 동업하라고 권유를 했어요, 설득을 했어요? 나는 아무 말도 안 했어요. 본인이 일하기 싫다기에 일하지 않고도 시스템을 만들 수 있는 방법을 알려준 게 다인데, 왜 내 책임이에요, 허허."

"왜 이런 놈들을 만난 걸까요. 그래도 1년이 넘도록 고르고 골라서 선택한 인간들인데."

"아직도 모르겠어요?"

"뭘요?"

"왜 그런 사람들을 만났는지를요. 아직도 모른다면 배상 님이 다음에 만날 사람도 그들과 다르지 않을 거예요."

"내가 등신이라서 그런 거라는 말을 하고 싶은 거예요? 사람 보는 눈이 없어서? 쉽고 편하게만 돈 벌려고 하니까 벌받는 거다, 뭐 그런 이야기예요?"

"그럴 리가요. 등신인 건 맞지만 생각하는 방향은 아니에요."

"뭐라고요?"

"진정하시고, 배상 님이 지금 그런 사람들만 만나는 이유는 배상 님의 현재 수준이 그런 사람들밖에 만나지 못하기 때문이에요. 솔직하게 인정해 봅시다.

정말 사업을 유능하게 할 수 있고, 정말 장사를 유능하게 할 수 있는 사람이 있다고 가정해 봐요. 그 사람들이 왜 배상 님과 일해야 하지요? 왜 그 사람들이 배상 님의 동업자가 되어서 배상 님에게 이익을 나눠줘야 할까요?"

"당연히 제가 초기에 필요한 자본…."

"성공으로 이끄는 유능함을 이미 가진 사람에게 돈을 주려는 사람이 없을까요? 냉정하게 이야기할게요. 오직 돈만 필요로 하는 사람들이 과연 유능한 사람들일까요?

그 컨설턴트도, 그 창업 경험이 많다는 사람도 결국 한 가지가 빠져 있어요. 바로 '성공해 본 경험'이지요. 그건 배상 님에게도 아직 없는 거고요. 그런데 성공해 본 사람은, 그래서 성공하는 방식과 과정에 자신감이 있는 사람은 결코 돈만 있는 사람을 자기 사업 파트너로 두려 하지 않아요. 이미 성공해 본 그들에게 돈은 부가 조건이지 결정적인 이유는 아니니까요.

그리고 이미 성공의 방법을 아는 사람들은 결코 창업 모임 같은 데 나타나지 않아요. 정부 쪽 사업이라면 말할 것도 없고요. 그들은 언제나 시장의 한가운데에서 지금도 뛰고 있어요.

발로 뛰면서 눈으로는 기회를 노리고 있지요. 그리고 그 기회를 함께 만들 사람을 찾고 있어요. 그들의 시선에 배상 님이 없을 뿐이에요. 배상 님의 세상에도 그들이 없고요. 서로 만날 수 없는 이유예요. 앞으로 누구를 만나더라도 마찬가지일 거예요. 애초에 서로 사는 세계가 달라요.

극단적으로 지금 망해간다는 그 장사, 내가 인수하면 나는 3년 안에 성공시킬 자신이 있어요. 내가 잘나서가 아니에요. 나에겐 그 장사를 성공시킬 수 있는 너무나 많은 사람이 있어요.

그 사람들은 내가 하자고 하면 나설 거예요. 심지어 자본을 자기들이 내겠다고 할지도 몰라요. 아니, 분명히 자기들이 자본을 낸다고 할 거예요. 나는 아무런 자본도 없이 그저 그 장사를 키우겠다는 결심만 하면 되고요. 이게 지금 나와 배상 님의 차이예요."

"어째서 그런 거지요? 돈이 많아서? 인맥이 좋아서?"

"그들에게 나라는 사람이 필요하기 때문이지요. 박인선이란 이름 세 글자가 그들이 하려는 장사에 어떻게든 도움이 되니까요. 내가 가진 경험과 지식 그리고 나라는 사람의 이름값이 그들에게 필요하기 때문이에요. 배상 님은 지금 이름값이 있나요?"

"……"

"배상 님과 함께 일했을 때 배상 님의 그 어떠한 것이든 장사에 크게 활용할 만한 무형자산이 있나요?"

"……"

"당신의 두 번째 창업이 망한 건 동업자 때문이 아니에요. 당신의 가치가 아직 그러하기 때문이지요."

"그럼 어떻게 해야 하지요?"

"의외네요? 내가 이렇게 말하면 불같이 화낼 줄 알았는데."

"처음 만났을 때처럼 나는 내가 본 것만 믿고 내가 경험한 것만 인정합니다. 당신 말처럼 지난 몇 년간 나는 두 번의 실패를 했고, 여전히 성공을 위해, 나만의 시스템을 가지기 위해 그 어떠한 발전도 이루지 못했어요. 그래서 당신이 내게 한 말들에 화가 나긴 하지만 반박할 수는 없네요.

그사이에 당신은 더욱 유명해졌어요. 세상 사람들은 당신이란 사람의 가치를 더욱 높게 쳐준다는 거지요. 막말로 지금 내가 하는 장사를 당신이 한다면 3년 안에 정말로 성공시킬 것 같단 생각이 드네요. 인정합니다.

나보다 훨씬 높은 곳에 있다는 걸 인정했으면, 배우든 훔치든 해야지요. 나는 어찌 되었건 여전히 당신이 말한 시스템을 가지고 싶으니까, 적어도 당신이 내게 시스템이 부의 비밀이라 말한 것은 틀림없는 사실일 테니까."

"우아, 4년 만에 처음으로 인정받은 것 같아 기분이 묘하네요. 조금 더 괴롭힐 생각이었는데, 이렇게 나오면 전략을 약간 수정해야겠군요."

"이렇게 될 줄 알았던 거군요?"

"알고 있지만 알진 못했어요. 내가 아는 세상이 전부는 아니니까. 어제까지 나는 배상 님과 같은 사람을 아주 많이 마주했지만 배상 님이 내가 만난 그들과 같을 것이라는 100퍼센트 확신은 없었으니까. 한편으로는 이렇게 흘러갈 거라고 생각했지만, 다른 한편으로는 내가 모르는 어떠한 기묘한 방식으로 예상과 전혀 다르게 성공할지도 모른다는 기대도 했어요. 오늘 보니 두 가지 모두가 맞았 네요.

내가 생각한 대로 흘러갔지만, 보통 이 시점에서 내가 알던 배상 님과 같은 사람들은 더욱 화를 내고 스스로를 더욱 궁지로 몰아넣는데 배상 님은 그 와중에 저의 비판 에 화를 내기보다 수용하고 해결책을 달라고 하고 있어 요. 이건 내 예상 밖이거든요. 생각보다 괜찮은 사람일 수 도 있겠단 생각이 드네요."

"짜증 나는 마음 누르고 있으니까 너무 건드리진 마 요."

"하하, 여전한 건 또 여전하네요. 아무튼, 좋아요. 답을 알려드리지요. 간단해요.

지금부터 진짜 능력이 있고 우수한 사람이 당신과 함 께할 이유를 스스로 만드세요. 당신의 시스템 안에서 당 신을 위해 돈을 벌어줘야 하는 이유를 스스로 세우라고 말하는 거예요. 몇 년이 걸리든, 어떤 방식이든 중요하지 않아요. 사실 시스템을 위해서 가장 먼저 해야 하는 것은 이것이었어요.

스스로 시장에서 어떠한 의미를 인정받는 것, 흔히 말하는 '브랜딩'이라는 거예요."

"사람들이 나와 함께 일해야 하는 이유⋯."

"내게는 여러 브랜딩이 있지만, 사람들이 나와 함께 어떠한 일을 한다면 그들이 내게 얻고자 하는 가치는 '1000억 부자인 천재 투자자 박인선의 선택', '시장을 통찰하는 투자자가 새롭게 하는 사업' 따위일 거예요.

그게 나의 브랜딩이지요. 배상 님은, 아니 이제부터 배상 씨라고 할게요. 그리고 더 이상 당신이란 호칭은 금지예요. 적어도 배우는 입장에서 님 자 정도는 붙여주세요. 배상 씨는 아직 그 이름을 만들지 못했어요. 사람을 자기 시스템으로 끌어들이는 것은 그 이름이 전부예요."

"⋯알겠어요. 사람들이 나랑 일해야 하는 이유는 결국 나 스스로 매력적인 먹잇감이 되어야 한다는 거군요. 손 안에 쥔 돈 몇 푼이 아니라."

"대충 알아들었네요. 기특하니 팁을 하나 드리지요. 무형자산을 최대한 활용하세요. 어제까지 실패했지만 사실 배상 씨는 생각보다 여전히 가진 게 많은 사람이거든요."

"무형자산이요?"

"네, 배상 씨의 자신감의 원천은 유복한 환경일 거예요. 그 환경을 만든 건 부모님의 시간과 정성일 테고요. 지금까지는 그분들의 노력이 배상 씨가 입는 옷이나 차 정도로만 돌아왔지만 실은 훨씬 많은 가치를 그분들은 이미 가지고 있을 거예요.

서울에서 제일 잘나가는 대학병원에서 교수를 하고 있다는 건 그것만으로 많은 것을 의미해요. 아마 배상 씨가 혼자서 만나기 힘든 훌륭한 사람들을 아버지를 통해서라면 쉽게 만날 수 있을 거예요. 그들 곁에서 성공이란 녀석을 살펴보세요. 그들이 어떻게 자신을 브랜딩했는지 살펴봐도 좋고요.

결국 가장 빠른 배움은 훔치는 거거든요. 배상 씨가 말한 것처럼. 훔치려면 훔칠 만한 대상이 있어야 하지 않겠어요? 그 대상들이 아버지 주위에는 충분히 많을 거라고 이야기하는 거예요. 이는 남들이 가지지 못한 엄청난 이점이에요. 시작부터 배상 씨는 유리한 위치에 있다는 거지요. 지금까지는 그걸 활용하지 못했지만 이제 잘 활용해 봐요.

그렇게 주변에 배상 씨가 만든 무형자산이든, 배상 씨에게 주어진 무형자산이든 연결하고 이용할 수 있는 것은 다 이용해 보세요. 그 과정에서 보일 거예요. 내가 어떠한 이름을 가져야 하는지를요."

"자존심이 허락할지 모르겠네요."

"아니면 좀 더 흙바닥에서 뒹굴면서 고생하든가."

"뭐라고요?"

"무엇이든 상관없다는 거예요. 흙바닥에 구르면 그 나름대로 배움이 있을 테니까. 나는 팁을 준 거지 명령한 건 아니니까 무엇이 되었든 스스로의 이름을 만들기 위해 어떤 것을 어떻게 해야 하는지 오늘부터 고민해 보세요.

그리고 오늘부터는 굳이 성공이나 실패가 아니더라도 언제든 나를 찾아와도 좋아요."

"적어도 다음에는 내세울 만한 무언가를 가지고 올 겁니다."

"어련히 그러실까. 기대할게요."

14

"잘해왔고, 잘하고, 잘할 거야."

시답잖은 일로 의가 상할 일이 없는 것, 오랜 친구가 좋은 이유다. 친구들과의 불편했던 술자리 이후에도 그들과 사이가 틀어지는 일은 없었다. 그들에게는 이내 사라질 술자리의 작은 대화였을 뿐이니까.

그리고 1년이 지났다. 오늘 큰 화환 하나가 인우에게 도착했다. 작년 술자리에서 마지막으로 대화를 나눈 친구가 보낸 화환이었다. 이런저런 이유로 인우는 자신의 세차장 앞에 놓인 화환에 적힌 이 글을 한참 동안 바라봤다.

비록 서로의 길이 달라 자주 보진 못했지만, 그래서 인우가 지금까지 걸어온 길을 다 알지는 못할 테지만, 그렇기에 인우의 삶을 잘 모르고 건네는 별것 없는 위로의 한마디일 수도 있겠지만, 그럼에도 인우는 이 한마디를 오랫동안 생각했다.

잘해온 것에 자신이 있었으니까, 앞으로 잘하기 위한 노력을 이제 시작했으니까, 그리고 그 노력은 계속될 것이니까. 지나온 날에 대한 작은 인정이자 앞으로의 길에 새로운 의지 같은 것들을 인우는 이 한 줄에서 읽어내고 담아내고 있었다.

인선의 말처럼 인우가 그를 다시 찾은 때는 친구들과 술자리를 가지고 그리 길지 않은 시간이 지난 후였다. 1000만 원을 안정적으로 벌면서 그는 어딘가 조금 달라졌다. 의연하고 당당해진 것이다.

그가 벌어들이는 돈의 크기 때문만은 아니었다. 중요한 건 그 과정에서의 변화였다. 시간의 가치가 올라가자 세상을 보는 시선도 달라진 것이다.

이제 인우의 눈에 모든 것은 돈과 시간의 교환으로 해석되었다. 시간을 쓰는 것의 의미를 그 시간으로 교환할 수 있는 돈의 가치로 빗대어 바라봤다.

마찬가지로 자신이 쓰는 돈의 가치를 자신이 벌 수 있는 시간으로 교환해 생각할 수도 있게 되었다. 교환이란 말 그대로 서로 바꾸는 것이다. 시간으로 돈을 바꿀 수 있다면, 돈으로 시간을 바꿀 수 있다. 앞으로 많은 것을 배워갈 인우였지만, 그중 가장 큰 깨달음은 이것이었다.

깨달음 뒤에 가장 먼저 한 일은 차를 사는 것이었다. 그 전에 인우의 계산기는 '서울에 살 거라면 굳이 차가 없는 편이 유리하다'였다. 하지만 이젠 '세차 일을 보다 잘하기 위해서 차가 필요하다'로 계산기의 공식이 바뀌었다. 자기 차가 있고 그 차에 애정을 가져야 비로소 사람들이 차에 가지는 애착을 이해할 수 있고 그 이해를 통해 더 많은 서비스를 개발할 수 있으리라 믿은 것이다.

무엇보다 인우는 차를 사서 벌어들이는 시간을 깨달았다. 더 이상 돈을 아끼기 위해 지하철을 타거나 마트의 마감 세일을 기다리지 않았다.

지하철 계단을 오르내리고 열차를 기다리는 동안 흐르는 시간이나 마트의 마감 세일을 기다리며 줄 서서 보내는 시간을 자신에게 투자했을 때, 기름 값이나 마트의 할인가보다 더 많은 가치가 돌아올 수 있음을 깨닫게 된 것이다.

의미 없어 보이는 사회적인 만남도 서서히 줄여나갔다. 전에는 아무런 이유 없이 단지 사회적 관계라는 막연한 의무 때문에 시간을 소비했다면, 시간의 진짜 가치를 알게 된 지금 의미 없는 것에 시간을 쓰는 일이야말로 가장 큰 낭비임을 알게 되었다.

나아가 전에는 돈이 아까워 쓰지 않았던 다양한 것도 시간을 아낄 수 있다면 쓰게 되었다. 옷을 세탁하는 대신에 세탁 배달 서비스를 쓰고, 집안일을 하는 대신에 일주일에 한 번 청소 업체를 이용했다.

그렇게 벌어들인 시간을 자신의 일을 위해 사용했다. 해외에서 판매되는 다양한 세차 용품을 알아보거나 자신의 블로그에 보다 많은 콘텐츠를 담거나 단골 고객과의 관계를 유지하는 데 시간을 썼다. 결국 시간이 돈을 만들고, 돈으로 다시 시간을 살 수 있으며 이 순환의 법칙을 오직 자신에게 쏟을 때 가장 많은 가치를 만들 수 있다는 것을, 1000만 원을 벌기 위해 투자한 6년 동안 자연스럽게 배운 것이다.

동시에 깨달았다. 1000만 원 이상을 벌기 위해서 무엇을 해야 하는지를. 어쩌면 이 깨달음은 그에게 당연함이다. 시간과 돈의 관계를 깨달은 이가 이르는 당연한 지점 말이다. 그의 시간은 현재 타인의 시간 속에 묶여 있다. 그가 시간과 교환해서 얻는 돈의 상당 부분은 여전히 자신이 속해 있는 세차장으로 흘러가고 있는 것이다. 이 흐름을 막아야 했다.

이 흐름을 온전히 자신에게 돌릴 때 비로소 1000만 원 이상의 세상이 펼쳐지는 것이다. 결국 자신만의 세차장을 운영해야 한다는 것이 그가 내린 결론이었다. 자신은 있었다. 근거 없는 자신감이 아니라 지금까지 자신을 믿고 찾아와 주는 사람들의 수와 그들의 평가가 깃든 근거 있는 자신감이었다. 하지만 이 새로운 일을 하기에 앞서 그는 자연스럽게 인선을 찾게 된다.

혹시 자기가 놓친 것들이 있을까 하는 마음에 말이다. 그 마음은 인선과 인우를 이제는 그들의 상징적 장소가 된 호텔에 마주 앉게 만들었다.

15

"6개월, 처음부터 새롭게 일한다는 생각으로 최소한 그 시간을 다시 보내세요."

그간 1000만 원을 벌기까지의 과정과 그 과정에 섞여

있는 인우의 감정, 마지막으로 그가 내린 결론으로부터
출발한 결심을 들은 인선의 첫 마디였다.

"6개월이요?"

"최소한 그 정도는 걸리지 않을까 하는 생각에서 말한
거예요. 기간보다 중요한 건 그 기간을 말한 의도예요. 무
엇일 것 같아요?"

"잘은 모르겠지만, 6개월 동안 부족한 무언가를 채우라
는 뜻으로 여겨집니다. 지난 몇 년간 일하면서 배우지 못
한 어떤 것을 보고 배우란 말씀처럼 들립니다."

"비교적 정확해요. 조금은 놀랍네요. 어째서 그런 생각
이 들었지요?"

"저는 10년 가까이 세차 일을 했습니다. 하지만 성장과
배움은 10년간 일정하지 않았습니다. 특히 선생님을 알
게 된 지난 6년의 배움은 매우 빠르고 가팔랐습니다.

선생님을 처음 만나고, 선생님에게 어떠한 조언을 들을
때마다 저는 각기 다른 것을 배웠고 각기 다른 속도로 성
장했습니다. 돌이켜 보니, 선생님의 조언이 저를 바꿨기
때문입니다. 정확히는 저의 시선을 바꿨기 때문입니다.

바라보는 곳이 달라지니 얻어 가는 것도 달라진다는

이 단순한 말을 지난 6년간 온몸으로 느꼈습니다. 지금 저는 새로운 시작을 앞두고 선생님을 만나고 있습니다. 이 새로운 시작을 통해 새로운 시선으로 세상을 볼 것이고 또한 배울 것입니다.

그러기에 앞서, 그 시선이 향하는 곳을 미리 경험하라는 의미로 6개월이란 시간을 말씀하신 게 아닐까 하는 생각이 들었습니다."

"마냥 알려줘야 한다고 생각했건만, 어느새 일어나서 뛰고 있었네요."

"네? 그게 무슨….."

"말 그대로예요. 늘 성장한다고 칭찬하기 무색하게, 나도 모르게 아직 인우 씨를 인우 씨의 현재보다 낮게 보고 있었나 봐요. 미안하기도 하고 놀랍기도 하네요. 맞아요. 그게 인우 씨한테 6개월을 더 다니라고 말한 의도예요. 그 6개월 동안 인우 씨는 사장의 시선으로 세차장을 바라봐야 해요."

"사장의 시선이요?"

"누군가의 밑에서 일하는 것과 자기 장사를 하는 것은 완전히 달라요. 종업원의 역할과 사장의 역할은 완전히 다르다는 말을 하는 거예요. 장사를 하는 사람이 그 안에서 일하는 사람처럼 굴면 그 장사는 반드시 망해요.

요리에 비유해 볼게요. 장사를 한다는 건 하나의 요리를 완성하는 과정을 맡는 것과 같아요. 반면 일하는 것은 그 안에서 요리사를 도와, 양파를 깎거나 당근을 채 써는 등의 일과 같아요. 양파를 아무리 잘 깎아도, 당근 채를 장인처럼 썬다 하더라도 그것만으로 결코 요리는 완성되지 않아요. 아니, 그것만 해서는 요리를 만들 수조차 없고요.

세차에 관한 인우 씨의 능력은 이제 사람들의 인정을 받는 수준에 이르렀어요. 하지만 그 능력만으로 바로 장사를 시작할 수는 없어요. 장사는 모든 것의 연결이기 때문이에요."

"모든 것의 연결이요?"

"네, 모든 것의 연결이요. 세차장이 운영되기 위해선 여러 세차 용품을 빠짐없이 사올 곳이 필요해요. 세차장에는 고가의 장비가 많은 것으로 알고 있어요.

그런 장비들을 사는 것뿐만 아니라 고장 났을 때 누구를 통해 고쳐야 하는지, 자주 고장 나는 부품이 무엇인지를 알아서 미리 구매해 놓는 것도 필요하겠지요. 세차장을 운영하기 위해서 어느 정도의 비용이 어떻게 드는지도 알고 있어야 해요. 기본적으로 평당 월세는 얼마인지, 수입에 관련된 세금은 어떻게 내고 얼마나 내는지, 전기세와 수도세는 얼마인지, 들여오는 세제와 기타 장비의 가격은 얼마인지, 그 가격에 장비를 가지고 오면 유지 보수비는 또 얼마며, 세제는 어느 정도까지 쓸 수 있는지 등등을 말이지요.

손님이 자주 오는 시간대가 언제인지, 손님이 유난히 북적인다면 그 이유가 무엇인지, 만약 손님이 줄어든다면 그 이유는 또 무엇인지를 볼 수 있어야 해요. 주변 도로에 공사가 시작되어 교통이 혼잡해져서 손님이 오지 않을 수도 있고, 반대로 주변에 큰 영화관이나 인기 있는 공장형 카페가 생기면서 사람들이 많아질 수도 있어요.

손님이 저항감을 느끼는 가격대가 무엇인지, 손님을 다시 오게 만드는 이벤트나 행사로 어떤 것이 있는지, 그건 또 어느 시기에 하면 좋은지도 생각해야겠지요. 근처에 세차장과 함께 협업하면 좋은 가게들이 있는지, 예를 들어 세차 영수증을 들고 가면 근처 카페에서 할인해 준다고 생각해 봐요. 그럼 세차한 고객들이 시간을 때우러 그

카페에 많이 가겠지요.

카페 입장에서는 손님이 많아져서 좋고, 세차장 입장에서는 손님에게 약간의 할인을 제공할 수 있어서 좋고, 상부상조지요. 이런 다양한 것을 세차장을 운영하는 사장은 알고 있어야 해요.

즉, 세차라는 '일'이 아니라 세차에 대한 모든 '시간과 돈의 흐름'을 모두 파악할 수 있어야 비로소 장사를 할 수 있어요. 이 모든 것은 연결된 일이고요. 이런 것에 대해 생각해 본 적이 있나요?"

"솔직히 말씀드리면 어떤 것은 세차를 했기 때문에 아는 것이지만, 대부분은 제가 생각해 보지 못한 일입니다. 부끄럽네요. 10년이 넘게 이 일을 하면서…."

"하하하, 아니에요. 어찌 보면 당연해요. 제가 지금까지 말한 일은 '인우 씨의 일'은 아니었으니까요.

세차장 직원이 알아야 되는 일은 아니라는 거예요. 알수 없고 알 필요도 없지요. 이 모든 것을 알지 못하기에, 정확히는 몰라도 되기에 자기가 번 돈의 절반 이상을 세차장에 주는 거예요. 맞아요. 직원이 자기가 벌어들이는 돈의 상당 부분을 직장에 주는 이유는 이런 복잡하고 어려운 것을 신경 쓰지 않아도 되기 때문이에요. 그저 묵묵히 양파만 깎으면, 당근만 썰면 되기 때문에 그런 거예요.

인우 씨는 어찌 되었건 직원이에요. 인우 씨의 시간이 여전히 누군가의 시간에 묶여 있다는 것은 아직 그 시간을 혼자 운용하기에 부족함이 있다는 뜻이지요.

이 부족함은 공부를 한다고 해서 채워지는 건 결코 아니에요. 하지만 예습을 하면 학습이 쉬워져요. 최소한 어떠한 부족함이 있고 그것을 어떻게 해결해야 하는지를 알면 훨씬 빠르게 실행하고 적응할 수 있지요.

인우 씨에게 6개월을 더 보내라는 것은 결국 '사장의 시선'으로 장사와 관련된 모든 것의 연결을 배워보라는 의미예요. 명심하세요. 시선이 달라지면 보이는 것이 달라져요. 그걸 볼 수 있어야 사장의 자격이 생겨요."

"잘 알겠습니다. 제가 만든 능력만 믿고 장사를 너무 쉽게 생각했던 것 같습니다. 지금부터 제가 충분하다 여겨질 때까지 사장의 시선으로 세차장을 다시 배워볼게요."

"좋아요. 다시 말하지만 6개월은 제가 그저 건넨 기간이에요. 한 달이라도 좋아요. 충분히 알았다 생각되면 다시 저를 찾아오세요. 그때 다시 이야기를 나눠보지요."

오늘의 대화는 인우에게 큰 울림이 있었다. 인선은 이
제 장사를 시작하는 그에게, 늘 그랬듯 필요한 어떤 것을
알려주었을 뿐이라고 생각했을 것이다. 하지만 인우에게
오늘의 대화는 그 이상의 깨달음을 주었다. 인우는 노트
를 펼치고 또 하나의 배움을 기록했다.

- 부를 배우다-

1. 부는 근접전이다

2. 1000만 원을 벌어야 한다. 어떻게?

3. 시간이란 곧 돈으로 교환할 수 있는 금이다

4. 금은 세공할수록 그 값이 올라간다

5. 금을 세공해서 만드는 반지의 이름은 특별함이다

6. 그 반지를 만들기 위해서는 깎여나가는 시간을 견뎌야 한다

7. 이 반지는 절대 반지다. 어떻게 사용하느냐에 따라 가치가 달라진다

8. 혼자 성장하는 사람은 없다. 사람은 사람으로부터 배워나간다

9. 00년 00월 00일. 나는 비로소 1000만 원을 벌게 되었다.

10. 나 자신도 고민하지 않는 내 시간의 값은, 그 누구도 매겨주지 않는다

11. 경험해야지만 깨닫게 되는 것들이 있다. 근접전이다. 선생님이 옳았다

12. 시선이 달라지면, 보는 것도 달라진다. 다른 것을 볼 수 있어야 다른
    시선도 가질 수 있다

인우와 헤어지고 난 직후 인선에게 전화가 걸려왔다. 전화를 받은 인선은 한참 동안 그저 듣고만 있었다. 이따금 조금 심각해지는 표정을 짓긴 했지만 동요하지는 않았다. 전화를 끊고 나서 나지막이 혼잣말을 하는 인선이었다.

"시간은 금이고 돈인데 말야. 이놈의 시간은 돈을 아무리 써도 되살 순 없단 말이지. 기껏해야 아낄 뿐이지. 뭐, 할 수 있는 일에 집중하기에도 빠듯한 인생, 할 수 없는 일로 고민하지 말아야지. 시간 쓰지도 말아야 하고, 그래야 인선답지."

약간 떨리는 손을, 너무나 약간이어서 누구도 눈치채지 못할 그 떨림을 혹여나 누군가 알아챌까 다른 한 손으로 꽉 누르며 인선은 한참을 생각에 잠긴 채 그 자리에 머물렀다.

16

"이번에는 정확히 6개월이에요. 아니, 최소한 6개월이에요."

준비가 되었다고 생각한 인우에게 인선은 이번에도 같은 말을 반복했다. 그것도 지난번보다 더욱 단호하게. 인선의 반복되는 말에 약간은 혼란스러운 인우였다.

인선의 말대로 지난 4개월간 인우는 사장님의 시선으로 세차장을 경험했다. 지난 10년간 세차 일을 '했'다면, 최근 4개월은 세차장이란 구조를 '본' 것이다. 일에서 한 발짝 떨어져 그 일을 둘러싼 환경을 보자 인선의 말처럼 그간 보지 못한 많은 것이 눈에 들어왔다. 세차를 하는 것과 세차장을 하는 것은 분명 다른 일이었다. 이번에도 인선이 옳았다.

그간 보지 못했던 세차장이란 세계를 인우는 최대한 많이 흡수하려고 노력했다. 할 수 있는 것들은 어깨너머로 배워보려 노력했지만 아무래도 정확히 파악하기 위해서는 사장님에게 질문을 할 수밖에 없었다. 세제는 어디서 얼마에 받는지, 각종 장비는 어디에서 사는지, A/S는 어떤 업자에게 맡기는지 등등, 하루가 다르게 인우의 질문은 늘어만 갔다.

그럼에도 사장은 한 번도 왜 그런 걸 묻냐는 식으로 핀잔을 주지 않았다. 인우의 모든 질문에 성실히 답해주었을 뿐만 아니라 인우가 미처 묻지 못한 것을 먼저 알려주었다. 그걸 알려면 이것도 알아야지, 이건 알아? 하는 식으로 말이다. 질문이란 무언가를 알고 있어야 할 수 있는 법이다. 아직 아무것도 모르는 인우에게는 놓치는 질문이 많을 수밖에 없었다. 그런 놓침을 오히려 사장이 발 벗고 나서서 챙겨주는 꼴이었다.

이 기간에 이따금 인우는 죄스러운 마음이 들곤 했다. 자신이 나가기 전에 다 털어먹고 나가려는 도둑의 모습으로 느껴졌기 때문이다. 사실 아무도 그렇게 생각하진 않았다. 그럼에도 도둑이 제 발 저리듯 인우에겐 미안함이 자리 잡았다. 사장이 나서서 친절하게 알려줄 때면 유독 그런 감정은 커졌다.

"이제 슬슬 안 보던 것들이 보이재? 그래, 그런 걸 봐야

니도 니 일을 한다.”

　하지만 연륜에서 나오는 직감으로 사장님은 이미 인
우의 결심을 알고 있었다. 그럼에도 싫은 소리 하지 않
고 자신이 알고 있던 많은 것을 인우에게 알려주는 것은
지난 10년 동안 지켜본 인우의 성실함 때문이었다. 인우
자신은 스스로가 가진 꽃이 세차 기술이라고 생각할 테
지만, 어쩌면 그 꽃이 자라는 비옥한 토지는 흔하디흔한
‘성실함’이었을지도 모르겠다. 땅이 흔하듯, 성실함이란
흔함 말이다.
　인우의 잦은 질문과 사장님의 다정한 참견으로, 이윽고
인우는 머리로 알 수 있는 거의 대부분을 알게 되었다고
생각했다. 나머지는 머릿속 지식이 아닌 경험으로 채워야
할 지혜임을 인우는 확신했다. 그렇게 인선과 인우는 꼬
박 4개월 만에 다시 만났다. 그리고 그 자리에서 인우의
이야기를 모두 들은 인선이 했던 말은, 또다시 6개월이란
조건이었다. 인우의 입장에선 약간 당황스러웠다. 당황스
러움을 아는지 모르는지 인선은 말을 이어나갔다.
　“인우 씨가 부족해서가 아니에요. 걱정 말아요. 한눈에

봐도 인우 씨가 이미 장사를 하기 위해 충분히 사장님의 시선을 경험했다는 게 느껴져요. 자기 확신 없이 내게 찾아올 인우 씨가 아니니까, 자기 확신을 가진 사람에게 큰 구멍이 남아 있을 리 없으니까."

"그럼 어째서 또다시 6개월을 말씀하시나요? 더 보완해서 배워야 할 것이 남았나요?"

"앞서 말한 것처럼 보완할 게 남은 건 아니에요. 다만 아직 전혀 갖춰지지 않은 것이 남았지요. 물어볼게요. 인우 씨는 인우 씨의 가게를 어디에 낼 생각이지요?"

"그건, 부동산을 통해서 소개를⋯."

"거기에 얼마의 시간을 쓸 생각이지요?"

"좋은 매물을 소개받는 대로 바로⋯."

"어째서지요? 인우 씨가 앞으로 적어도 수년을 장사해야 하는 곳인데 그저 남의 말만 듣고, 그것도 세차를 전혀 모르는 부동산 사장님의 추천만 받고 장소를 정한다는 게 이상하지 않아요? 부동산 사장님이 과연 인우 씨를 위해서 세차장으로 최적인 장소를 말해줄까요? 오히려 비싼 수수료를 받을 수 있는 곳을 말해주지 않을까요? 사람은 결국 자기 이익을 위해 살아가는 존재예요. 인우 씨의 이익을 위해 그 사람이 노력할 이유가 없다는 거예요. 오히려 자기 이익이 극대화되는 지점이 인우 씨가 손해를 봐야 하는 지점일 가능성이 높지요.

나쁘게 생각하지 말아요. 꼭 그렇다는 것이 아니라…. 아니에요, 거의 그럴 것 같다는 게 제 생각이긴 해요. 저는 돈에 관한 사람들의 추악함을 인우 씨보다 훨씬 많이 본 사람이니까요."

"나쁘게 생각하지 않습니다. 사람의 추악함이라면 세차를 하며 이골이 날 만큼 마주해서."

"하하, 그렇긴 하겠네요. 아무튼 인우 씨는 지금 새로운 보금자리를 떠나 여행을 해야 하는 사람이에요. 그런 사람이라면 당연히 새로운 보금자리에 대해 스스로 알아보고 고민해야겠지요. 인우 씨에겐 아직 그 노력이 빠져 있어요.

그래서 6개월을 말한 거예요. 그 6개월 동안 최대한 많은 장소를 돌아다녀 보세요. 그리고 가장 최적의 장소가 어디일지 고민하세요. 장사는 목이 전부라는 말은 괜히 있는 말이 아니에요. 장사에서 아주 중요한 것 중 하나가 자리거든요.

누군가는 뛰어난 장점을 가진 장사는 자리를 극복할 수 있다는 말을 하는데 그건 틀린 말이에요. 장소를 극복하는 게 아니라 그런 장소임에도 장사가 잘될 뿐이에요. 다른 말로 하면 자리가 좋았다면 훨씬 장사가 잘될 수도 있었다는 이야기지요. 명심하세요. 장사에서 자리는 '극복해야 할 대상'이 아니라 '이용해야 할 대상'이에요."

"그렇군요. 그렇다면 어떤 장소가 최적인가요?"

"하하하. 그건 인우 씨가 고민해서 답을 내려야 하는 문제지요. 그러기 위해 6개월이 필요하고요. 잘 생각해 보세요. 세차에 대해서 가장 잘 아는 사람은 인우 씨예요.

고객의 입장에서 어떤 장소가 세차하기 좋은 장소인지, 또한 자주 이용할 것 같은 장소인지를 고민해 보세요. 그냥 고객이 아니라 인우 씨가 생각하는 고객의 모습을 먼저 상상해 보고요. 다시 말해 고객이라면 어떤 장소에 세차장을 지어야 더 자주 오고 더 많이 올 것 같은지, 어떠한 환경을 더 좋아하는지 등등을 생각해 보세요.

그리고 거기에 맞는 장소를 찾을 때까지 계속해서 발로 걸어가고, 눈으로 관찰하고, 머리로 끊임없이 가정을 돌려보세요. 그렇게 해야만 장소를 장사에 유리한 도구로 활용할 수 있는 거예요."

"잘 알겠습니다. 생각해 보니 장소에 대한 고민을 여태 껏 크게 하지 않은 것 같습니다. 심지어 제가 일하는 세차 장이 왜 그 장소에 있는지도 고민해 보지 않았고요.

선생님 말씀처럼 장사는 목이라고 하는데, 세차에 있어, 그리고 제가 하려는 세차에 있어 목에 대해선 별다른 생각이 없었던 것 같아요. 지금부터는 제게 최고의 이익을 가져다줄 장소에 대해 고민하고 행동해 보겠습니다."

"좋아요. 제가 아는 인우 씨는 '한 우물을 팔 수 있는 사람'이에요. 한 분야에서 이토록 오랜 시간 지독하게 노력하는 사람은 흔치 않아요. 사람들은 이야기하지요. 한 우물만 파면 결국 성공한다고요. 하지만 저는 이렇게 생각해요. 한 우물을 파는 것보다 훨씬 중요한 것은, 처음부터 물이 나올 자리인지 아닌지를 판단하는 고민이라고요."

"새로운 의미를 주는 말이네요. 한 우물을 파는 것만큼, 물이 나올 자리를 미리 아는 것이 중요하다."

"저는 늘 그렇게 성공했어요. 무작정 칠전팔기의 정신으로 발을 뻗는 게 아니라 늘 발을 뻗을 장소가 그럴 만한 장소인지를 고민했지요. 장사도 다르지 않아요.

아, 이번에는 새로운 장소를 찾고 나서 내게 물어보는 건 금지예요. 앞서 말한 것처럼 세차에 대해 잘 모르는 내가 답할 수 있는 문제도 아니거니와, 남에게 물어볼 만큼 확신에 차지 않는 장소라면 아직 공부가 덜 되어 있거나, 그 장소가 제대로 된 장소가 아닐 게 확실하기 때문이에요. 장소를 정했다면 바로 개업 준비를 하세요.

내게 연락하는 건 개업 직후로 하세요. 그만큼 온전히 자기가 책임지고 결정해야 하는 게 바로 장소를 구하는 일이에요. 신중하세요. 그리고 인내하세요. 적당히 타협하지 말란 이야기예요. 장사꾼의 시작이 타협이라면 그 장사는 대성할 수 없어요."

"잘 알겠습니다. 그럼 세차장 직원에서 세차장 사장님이 되고 난 후에 다시 연락드릴게요."

"잘할 거예요, 인우 씨는. 지금까지 그래 왔듯이."

- 부를 배우다 -

1. 부는 근접전이다
2. 1000만 원을 벌어야 한다. 어떻게?
3. 시간이란 곧 돈으로 교환할 수 있는 금이다
4. 금은 세공할수록 그 값이 올라간다
5. 금을 세공해서 만드는 반지의 이름은 특별함이다
6. 그 반지를 만들기 위해서는 깎여나가는 시간을 견뎌야 한다
7. 이 반지는 절대 반지다. 어떻게 사용하느냐에 따라 가치가 달라진다
8. 혼자 성장하는 사람은 없다. 사람은 사람으로부터 배워나간다
9. 00년 00월 00일. 나는 비로소 1000만 원을 벌게 되었다.
10. 나 자신도 고민하지 않는 내 시간의 값은, 그 누구도 매겨주지 않는다
11. 경험해야지만 깨닫게 되는 것들이 있다. 근접전이다. 선생님이 옳았다
12. 시선이 달라지면, 보는 것도 달라진다. 다른 것을 볼 수 있어야 다른 시선도 가질 수 있다
13. 한 우물을 파는 노력이 아니라, 한 우물을 알아보는 노력!

인우의 노트에 이렇게 한 줄의 글이 추가되었다. 인선과의 만남 이후 인우는 6개월간 자신의 세차장에 어울리는 장소를 찾아 헤맸다.

인선의 말처럼 가장 먼저 생각한 것은 자신의 세차장을 찾아오는 고객의 모습이었다. 자신의 고객을 상상한 것이다. 정확히는 자기가 원하는 장사의 형태와 그 형태에 맞는 고객을 상상한 것이다.

지난 경험을 통해 인우는 자신을 찾는 사람들 중 자주 많은 돈을 쓰는 고객을 특정할 수 있었다. 그런 고객들이 자신을 찾아와야 같은 시간 대비 더 많은 돈을 벌 수 있다고 생각했다.

또한 고객들은 인우가 하는 정성스러운 세차를 좋아하기 때문에 인우를 찾는 사람들이었다. 그런 사람들에게 일일이 최선을 다하기 위해선 그리 넓은 장소는 필요하지 않다고 생각했다. 넓은 장소는 오히려 유지비에 대한 부담이 클 것이라 생각했다. 여담이지만 이 판단이 틀렸음을 이후에 인우는 깨닫게 된다.

이렇게 자신의 고객을 특정하자 그런 고객들이 방문하기 편한 장소를 물색했다. 밤늦게까지 세차장을 열어도 민원이 들어오지 않을 장소, 세차를 맡기고 시간을 보낼 곳이 적당한 장소, 각종 세차 용품을 보관하고 관리하기 용이한 장소, 그럼에도 그리 크지 않은 장소 등 인우만의 여러 조건이 하나둘 생겨났고 그 조건에 딱 맞는 장소를 인우는 정확히 6개월 만에 찾을 수 있었다.

"잘해왔고, 잘하고, 잘할 거야."

개업일. 친구가 보낸 화환의 한마디를 오랫동안 쳐다본 이유는 그 짧은 말과 지난 인우의 시간이 겹쳐 지나갔기 때문이다. 지금까지 세차 일을 잘해온 자신이, 어제까지 배워온 사장의 시선으로 잘해나갈 수 있을까?

자신감 반 불안감 반을 가진 채 인우는 한참 동안 그 화환을 바라봤다. 평소에 알고 지내던 오랜 손님이 인우 세차장의 첫 손님이 되어 반가운 얼굴로 인사를 건네기 전까지 말이다.

"이인우 사장님! 개업했다며? 개시해 주러 왔어!"

아직은 어두운 길거리에 새벽빛이 서서히 스며들었다. 그 길의 끝자리에 배상이 서 있다. 짙은 회색 정장 차림이다. 구두에 넥타이까지, 어딘가 어울리지 않는 멀끔함이다. 배상은 연신 담배를 피우며 투덜댔다.

"추워 죽겠는데 왜 이렇게 안 나와."

잠시 뒤, 배가 잔뜩 나온 중년의 남자가 걸어 나온다. 골프채를 손에 든 채로. 배상은 담배를 끄고 그에게로 걸어가 골프채를 대신 잡는다. 트렁크에 구겨 넣듯 던져 놓고 어슬렁거리며 운전석에 자리한다. 한참 전에 시동을 켜놓은 터라 차 안은 온기로 가득하다. 보통의 운전기사가 이런 태도를 보인다면 다음 날 그는 해고 통지를 받을 것이다. 하지만 그런 행동에 아랑곳하지 않고, 오히려 슬그머니 미소를 띤 중년의 남자는 배상에게 말을 건넨다.

"아니, 그러게 좀 더 좋은 자리 준다니까. 왜 굳이 힘든 이 일을 달라고 했데? 이해가 안 되는구면."
"이 일만으로 충분해요. 좋아서 하는 일이니까 신경 쓰지 마세요."
"알다가도 모를 친구구면. 아무튼 오늘 가는 골프장은 어딘지 알지, 반 실장?"

새벽 공기를 가르며 주말도 잊은 채 차는 목적지로 나아간다. 지금 배상은 운전기사를 하고 있다. 수행 비서를 겸직으로 둔 채 말이다. 갑자기 새사람이 되기로 결심해서도, 집이 갑자기 망해서도, 모든 것을 포기해서도 아니다. 오히려 모든 걸 얻기 위해서다.

인선과의 만남을 마치고 돌아온 배상은 그날부터 곰곰이 자신의 브랜딩에 관해 생각했다. 앞서 겪은 두 번의 실패와 그사이에 있었던 허송세월을 경험하며 그는 자신에게 무기가 없기 때문에 자신의 시스템을 만들 수 없음을 뼈저리게 인정해야만 했다.

그 과정이 쉽지만은 않았다. 자존심이 강한 데다 부족함 없이 자란 그가 자신의 모자람을 마주해야 하는 일은 없었다. 몇 개월의 분노와 방황이 있었지만 결국 그는 자기만의 브랜딩을 가지기 위한 일을 지금부터 해야 한다는 걸 인정했다.

어떠한 브랜딩을 가질지 배상은 한동안 고민했다. 딱히 답이 떠오르지 않았다. 당연했다. 배상의 고민은 자신으로부터 출발한 것인데 정작 자기 자신이 아직 비어 있었기에 빈 수레에서 나올 쌀은 없었다.

처음에 그는 자신이 실패한 것들을 잘 포장해 실패에 강한 사람이라는 브랜딩을 떠올렸다. 하지만 이내 그 생각이 잘못된 것임을 직감했다. 정작 자신조차도 실패만 했던 사람을 달갑게 보지 않았으니까.

세상이 원하는 건 누군가가 실패한 이야기가 아니었으니까. 결국 실패가 아닌 성공에 대해 아는 사람이란 브랜딩이 필요하다고 결론지었다. 문제는 본인은 정작 성공에 대해 경험한 적도, 이해한 적도 없다는 사실이다.

상승장에 잠깐 벌어들인 가상화폐 수익은 성공이라 말하기에는 너무나 초라했다. 5억 원이라는 돈은 적지 않지만, 그 돈을 어떻게 벌었는지 스스로 설명할 자신이 없었기 때문이다.

그러다 문득 인선이 한 말을 떠올린 배상이었다. 아버지의 무형자산을 이용하라는 말. 사실 배상은 아버지의 삶을 존경하지 않았다.

많은 돈을 벌고 세상에서 존중받는 의사라는 직업을, 배상은 항상 자기 시간 없이 쫓기듯 업무에 시달리는 모습으로 생각했다. 그것은 화려함이 아니라 서글픔이었다. 배상의 눈에는 고강도의 노동으로만 보인 것이다.

배상이 지독히도 노동을 싫어하고 어떻게든 부로 연결되는 추월차선을 원했던 것도 이런 아버지에 대한 반감 때문이었다.

하지만 배상이 성공을 경험할 수 있는 가장 확실한 추월차선은 아버지의 인맥이었다. 아이러니였다. 이런 모순을 배상은 이기심으로 극복했다.

어찌 되었건 자기가 잘되는 것이 중요하고, 그러기 위해선 무얼 못 하겠냐는 식으로 자기를 설득했다. 그리고 배상이 선택한 것은 아버지의 소개를 통해서, 사회적으로 성공한 CEO의 운전기사 자리를 꿰차는 일이었다.

왜 운전기사를 선택했는지는 명확했다. 첫째는 아버지에게 빚을 지지만 그럼에도 자존심을 지키고 싶은 이율배반적인 고민의 결과였다. 운전기사 자리는 그렇게 중요한 자리가 아니니까, 굳이 구하려면 자기도 구할 수 있을 테니까. 둘째 이유가 더욱 컸는데, 이제 와서 배상이 성공한 사람 밑에서 성공의 과정을 성실히 배울 생각은 여전히 없었다. 그가 배우고자 하는 것은 성공의 과정이 아니라 성공 그 자체였다. 배상은 끝까지 배상다웠다.

성공한 사람으로부터 가장 가까운 위치에서 비교적 많은 시간을 함께할 수 있는 자리. 그 자리 중 현재 배상이 당당하게 수행할 수 있는 것은 운전이었다. 그렇게 그는 운전기사가 되었다.

아버지의 요청으로 단순히 운전기사가 아니라 수행 비

서 역할도 맡게 된 것은 덤이었다. 그래서 배상은 끝까지 반 기사라 불리는 일이 없었다. 반 실장이었다. 그렇게 3년을 흘려보내고 브랜딩이라는 새로운 목표를 향해 걸어가고 있었다.

배상 역시, 새로운 시작이었다.

"돈이 없어서 망해야 하는 기업이라면,
망하는 게 맞아요.
망하고 다시 시작해야 해요.
그 과정에서 무언가를 배워야 해요.
그러지 않으면 성장할 수 없습니다.
나는 그런 회사와는 함께 일하고 싶지 않아요."

3장

"반지의 가격을 결정하는 건 브랜드입니다"

시간과 정성, 브랜딩의 시작

"돈을 좋아한다는 것은

　다른 어떠한 것을 좋아하는 것보다 무거운 책임이 따릅니다.

　이 점에 대해서도 알고 있나요?"

17

"이 반지가 왜 이렇게 비싼지 알아요?"

개업 기념으로 선물을 하나 주겠다고 만남을 요청한 인선이 뜬금없는 말로 대화를 열었다. 평소에 착용하지 않던 반지를 오늘을 위해 끼고 온 것처럼 계속 만지작거리다가 그가 물었다.

"이 작은 반지 하나가 500만 원이 넘어요. 다이아몬드가 달린 것도 아닌데. 금값은 아무리 쳐도 50만 원이 안될 테고, 세공이 제법 들어가 있긴 하지만 그래도 10배 값은 아닐 텐데 말이지요."

"아마 선생님의 격에 맞는 좋은 브랜드 제품이어서 그런 것 아닐까요?"

"하하하. 말 한마디로 사람 기분 좋게 만드는 버릇이 생겼네요. 제 격이 뭔지 모르겠지만, 맞아요. 이 반지가 비싼 이유는 이 반지가 금이어서도, 세공이 많이 들어가서도 아니에요. 까르띠에이기 때문이에요. 왜 이 이야기를 하는지 알겠나요?"

"세공으로 값을 높이는 것에는 한계가 있다는 말씀인가요?"

"반은 맞고 반은 틀렸어요. 세공으로 값을 높이는 데 한계가 있다는 말이 아니라, 세공으로 가장 높은 값을 받는 단계가 까르띠에라는 말을 하는 거예요. 까르띠에란 결국 브랜딩이에요. 그런데 무작정 이름 없는 브랜드가 론칭해서 갑자기 50만 원짜리 반지를 500만 원에 판다고 하면 아무도 사지 않겠지요.

사람들이 높은 값을 내게 만드는 건 브랜드의 힘이지만, 그 힘은 고객에게 인정받기 위해 노력한 오랜 시간이 있기 때문에 생겨나지요. 처음부터 금을 세공하는 시간과 노력이 없었다면 브랜드는 만들어질 수 없고, 거꾸로 말하면 시간과 노력을 충분히 투자한 제품이라면 브랜드로 한 걸음 올라서게 된다는 이야기예요."

"결국 제 이야기로 비춰보면, 제게 지금 필요한 것은 브랜딩이라는 거군요."

"맞아요. 인우 씨는 수년간 시간과 정성을 쏟아부어 자기만의 특별함을 만들었어요. 그 특별함은 인우 씨가 자기 시간을 온전히 자기를 위해 쓰게 만드는 원동력이 되었고요. 그렇게 인우 씨는 장사를 시작했어요. 그런 인우 씨에게 필요한 건 브랜딩이에요."

"외람된 말씀이지만, 지금 당장 필요한 일인가요? 그동안 저는 충분히 제 단골 고객을 확보했고, 그 단골 고객들이 더 많은 손님을 제게 소개시켜 주고 있어요. 당장은 저를 찾는 단골과 그들의 소개로 오는 손님들만으로도 충분히 장사가 가능한 상황이고요. 개업한 지 얼마 되지 않았으니 오히려 지금은 장사에 익숙해지는 게 먼저 아닐까 하는 생각이 들어요."

"틀렸어요. 인우 씨는 아직 사장님이 된 게 아니에요."

"사장님이 된 게 아니라고요?"

"미리 말한다고 알 수 있는 건 아니니까, 늘 그랬듯 저를 믿으세요. 저를 믿고 우선 인우 씨의 브랜딩을 하세요. 지금까지 하고 있던 블로그를 좀 더 적극적으로 활용해도 좋고요. 아니면 새로운 채널 하나를 만들어도 좋아요.

개인 브랜딩의 핵심은 채널이니까요. 제 추천은 아무래도 인우 씨가 하는 세차 일의 특성상 사진으로 남는 채널보다는 영상으로 올릴 수 있는 채널을 추천해요.

어차피 지금 하는 장사는 불 보듯 뻔해요. 잘될 거예요. 앞으로도 계속. 하지만 인우 씨가 진짜 사장님이라는 자격을 갖기 위해서, 그래서 진짜 장사를 하기 위해서는 브랜딩을 해야 해요."

"진짜 사장님의 자격…."

"넘쳐봐야, 비로소 깨닫게 되는 게 있거든요."

"웬일인지 오늘은 제가 이해하기 약간 어려운 말씀을 하시네요. 아마 당장은 제가 이해할 자격이 되지 않기 때문이겠지요. 알겠습니다. 저는 선생님의 조언으로 여기까지 왔습니다. 선생님의 말씀이라면 믿고 따르겠습니다."

"좋아요. 브랜딩을 하면서 궁금한 게 있다면 언제든 찾아와요. 하지만 찾아오기 전에 스스로 답을 구하는 노력을 해봐요.

세상에 브랜딩에 관련된 이야기는 이미 너무나 많아요. 그 이야기만 전부 들어도 브랜딩은 누구나 할 수 있어요. 하지만 자기 브랜딩을 가진 사람은 많지 않아요. 이유는 단순해요. 방법을 몰라서가 아니라 실행을 못해서이기 때문이지요.

반면 인우 씨에게는 성실함이 있어요. 아는 것에 그치지 않고 행동하며 스스로 배우는 기질이 있는 거지요. 그 기질을 이용해서 부딪치며 브랜딩을 완성해 나가길 바라요. 그렇게 되면, 자연스럽게 전혀 다른 이유로 '힘이 들기 때문에' 나를 찾아오게 될 거예요. 그때 다시 이야기를 이어나가 보지요."

"색다르네요, 이런 느낌도. 알겠습니다. 제가 지금은 알지 못하는 어떤 이유로 '힘이 들 때' 다시 찾아뵐게요."

만남을 마치고 돌아온 인우는 노트를 펼치지 않았다. 의미 있는 말을 많이 들었음에도 말이다. 이유는 단순했다. 자신에게 와닿지 않기 때문이었다. 장사를 한 지 한 달이 지나지 않은 지금, 세차장에 집중하는 것이 아니라 오히려 브랜딩을 하라는 말이 어딘가 급해 보였다.

인우는 이런저런 생각으로 복잡했지만 이내 단순하게 정의하기로 마음먹는다. 일단은 하자. 그러면 뭔가 보이겠지, 늘 그랬듯이. 돌아오는 길에 서점을 들른 인우는 브랜딩에 관련된 책을 몇 권 샀다.

18

작지만 갖출 만한 건 다 갖춘 세차장에서 남자 두 명과 여자 한 명이 옥신거리고 있다. 인우와 안향 그리고 인우의 직원이었다. 촬영용 카메라를 세팅하는 과정에서 실랑이가 있는 모양이다.

차량도 얼짱 각도가 중요하다는 안향과 세차할 때 방해가 된다며 멀찍이 치우려는 인우, 그 사이에서 요즘 세대는 이러니저러니 하며 전혀 상관없는 이야기를 뜬금없이 꺼내는 직원까지, 서로 들떠 있음이 느껴진다. 오늘은 인우의 첫 영상을 찍는 날이다.

인선의 말처럼 인우의 세차장은 순조롭게 운영되었다.

오히려 너무나 순조로웠기에 인우의 첫 영상 촬영은 3개월이나 늦어지고 말았다. 매일매일 손님이 찾아왔고, 손님을 응대하다 보면 거짓말처럼 빠르게 하루가 지나갔다.

모든 시작에는 자기도 모르게 힘이 들어가듯, 인우는 한 명 한 명을 전보다 최선을 다해 응대했고, 늦게 오는 손님들도 가급적이면 모두 세차를 해주었다.

그러다 보니 자정이 가까워 올 무렵에 일을 마치는 날이 잦았고 시간이 부족한 인우는 브랜딩에 대해 미처 생각하기가 어려웠다.

그럼에도 인우의 수익은 안정적으로 늘었다. 특히 첫 달에는 매출이 3000만 원 가까이 나왔다. 개업 효과도 효과지만 오랜 시간 인우가 맺은 단골들의 '선심성' 패키지 이용이 있었기 때문이다. 그 뒤로도 수익은 크게 줄지 않았다. 오랜 기간 준비한 만큼 처음부터 안정적인 성과를 낸 것이다.

그렇게 두 달 정도가 지나고 세차장 일이 어느 정도 익숙해지자 인우는 인선의 말을 떠올렸다. 사실 이 정도만 되더라도 인우는 자신의 현재 상황에 매우 만족했다. 장

밎빛 미래를 상상할 수 있을 정도로 생활은 안정적이었고 풍족했다.

처음부터 큰 부자가 되기로 마음먹으며 시작한 일이 아니었기에, 지난 몇 년간의 발전은 평범한 인우에게 심리적 만족감을 주기에 충분했다. 인정받는 자기 일을 하면서 한 달에 수천만 원을 벌 수 있는 삶, 누군들 그런 삶을 원하지 않을 리가 없다. 하지만 인우는 여기서 멈출 마음은 갖지 않았다.

더 많은 돈을 벌고 싶어서가 아니라 지금까지 발전해 온 자기 모습을 보며 궁금해진 것이다. 자기가 어디까지 발전할 수 있을지, 무엇을 더 배울 수 있을지를 말이다. 궁극적으로는 인선의 시선과 같은 높이에 다다랐을 때 보게 될 그 무언가가 궁금했다. 어쩌면 이때부터의 인우의 발걸음은 호기심일지도 모른다. 돈에 대한 욕망이 아니라.

채널을 가지기로 마음먹고 인우가 선택한 것은 유튜브였다. 인선의 말처럼 자기가 하는 일을 가장 잘 보여줄 수 있는 것은 아무래도 글이나 사진이 아닌 영상이란 판단에서였다. 게임을 시작하기 전 가장 많은 시간을 쓰는 것이 자기 캐릭터의 이름을 정하는 일이듯, 보통 유튜브를 처음 개설하면 채널명에 가장 많은 시간을 쓰게 된다. 하지만 인우는 별다른 고민 없이 세차장 이름과 같은 '카마카세'로 정했다.

자기의 오늘을 있게 만들어준 소중한 이름이기 때문이다. 안향의 추천으로 '세상 모든 세차를 요리하다'라는 부제를 붙여 채널을 완성했다.

채널에 올릴 콘텐츠에 대해서 고민하진 않았다. 정확히는 너무 많은 것을 보고 듣다 보니 오히려 본질에 집중하기로 했다는 것이 맞는 표현일 것이다.

시청자가 보길 원하는 영상이어야 한다, 콘셉트가 있어야 한다, 남들과는 다른 것을 보여줘야 한다, 자극적인 영상이 있어야 한다, 유튜브 성공의 일곱 가지 법칙 등등 조금만 검색해도 유튜브를 성공시키기 위한 자료들은 넘쳐났다.

그런 것들을 하나하나 보고 있자니 시작하기도 전에 머리가 아팠다. 그래서 인우는 단순하게 생각하기로 했다. 자기가 보여줄 수 있는 것은 세차가 전부였고, 자신 있는 것은 남보다 조금 더 깊이 있게 세차를 한다는 것이었다. 그 깊이를 보여주겠다고 인우는 생각했다.

같은 세차를 하더라도 차의 종류와 상태에 따라 집중해서 케어해야 하는 부위와 방식은 다른 법이다. 이것을 영상으로 만들어 하나씩 보여주는 것이 인우가 생각하는 채널의 콘셉트였다. 그렇게 했을 때 자기만의 강점을 가장 효과적으로 홍보할 수 있을 것이라 생각했다. 그렇게 꼭 세 달이 지난 후, 인우는 첫 영상을 찍었다.

영상을 올린 후 몇 개월 동안은 구독자가 크게 늘지 않았다. 영상이 꽤 많아졌음에도 시장 반응은 시원치 않았다. 하지만 인우는 일희일비하지 않았다. 다만 현재 보여줄 수 있는 자기만의 콘텐츠를 올릴 뿐이었다.

그러다 6개월이 지날 무렵 이변이 일어났다. 인우의 영상 하나가 유튜브 알고리즘의 혜택을 받아 엄청난 조회수를 기록하게 된 것이다.

대박이 난 영상 콘텐츠는 레몬 껍질을 이용해 오래된 가죽 시트의 묵은 때를 제거하는 내용이었다. 인우가 눈여겨본 것은 해당 영상의 반응이었다.

전혀 생각하지 못한 방식의 참신한 소재로 세차를 하

는 것에 대한 신기함, 왜 이렇게 해야 하는지, 이렇게 했을 때 다른 방식보다 어떠한 점이 좋은지를 알려주는 쉬운 설명에 대한 찬사가 대부분이었다.

인우는 이때부터 자신이 올리는 영상을 기발한 방식으로 세차를 하는 소재로 집중시켰다. 여기에 왜 이런 방식이 좋은지, 이런 방식을 하지 못할 경우에 어떤 방법이 대안이 되는지 따위의 자세한 설명과 함께 말이다.

덕분에 인우가 올리는 세차의 기발함은 단순하게 특이하기만 한 영상들이 아니게 되었다. 모든 영상에는 이 방식을 고안하기까지 겪은 인우의 세월이 묻어났고, 그 노력의 과정이 자연스럽게 노출되다 보니 영상을 본 사람들은 콘텐츠가 주는 특이함뿐만 아니라 오랜 시간 세차를 위해 노력한 인우의 모습을 함께 보게 되었다. 콘텐츠를 시청하면서 자연스럽게 인우라는 사람의 삶을 조금씩 들여다본 것이다. 그렇게 기회를 효과적으로 살린 인우의 유튜브는 구독자가 점차 늘었다.

시장이 그리고 세상이 조금씩 인우의 이야기를 눈여겨보고 듣게 된 것이다. 그렇게 인우는 새로운 걸음을 내딛고 있었다.

19

"여기는 새벽부터 안 오면 자리가 없네, 없어."

"죄송합니다. 요즘 들어 손님이 부쩍 늘어났네요."

"사장님 장사가 잘되는 거야 당연히 축하할 일인데 나처럼 처음부터 찾아오던 사람 입장에선 영 불편하네요. 우리 같은 단골 자리를 좀 빼주든가, 세차장을 좀 큰 데로 옮기든가…. 하여튼 오늘도 공치고 가요."

오늘도 새벽부터 실랑이가 오간다. 단순한 실랑이가 아니다. 현재 인우가 가진 모든 고민의 중심이다. 인우의 유튜브 채널이 유명세를 얻자 세차장을 찾아오는 이들도 늘어났다. 문제는 늘어나는 속도가 너무 빨랐다는 것이다.

그래서 세차장을 찾아와서 세차를 하지 못하고 돌아가는 고객이 늘어났다. 예약을 하려고 해도 최소 2주일은 기다려야 했다. 그나마 예약을 미리 문의한 사람은 찾아오는 공수를 덜 수 있었지만, 대부분의 사람은 예약 없이 방문했고 꽉 찬 세차 일정을 보며 돌아가기 일쑤였다.

이런 것들은 고객의 불만인 동시에 이야깃거리가 되

었다. 운 좋게 세차에 성공한 사람들은 너나없이 자신의 SNS에 세차를 했다는 내용을 올렸다.

인우의 세차장에서 세차한 것이 '자랑거리'가 된 것처럼 말이다. 아이러니하게도 이런 행위들은 인우의 채널의 구독자를 가속도로 높이는 결과로 이어졌고 그러다 보니 오픈런을 방불케 하듯 매일 새벽이면 세차를 하려는 사람들이 차로 줄을 서는 진풍경이 펼쳐졌다.

모든 것은 한정성의 양날 검이었다. 세차를 하기 힘들다는 현실, 그렇기에 더욱 여기서 세차를 하고 싶다는 욕심이 인우를 유명하게 만드는 동시에 방문하는 고객들의 불만을 만들고 있었다.

더욱 큰 문제는 이 문제를 해결할 뾰족한 방법이 보이지 않는다는 것이다. 세차를 맡긴 고객에게 2주나 3주 뒤에 오라고 말하는 것은 장기적으로 봤을 때 좋을 게 없는 짓이다. 세차를 맡긴다는 것은 본인이 그런 결심을 할 만큼 차가 충분히 더러워졌다는 뜻인데, 더러운 차를 가지고 십수일을 더 타야 한다는 건 고객 입장에서 큰 불만이 될 수밖에 없었다.

영업시간을 아침 7시부터 저녁 11시까지 늘려도 밀려

오는 세차 요청을 감당하기엔 한없이 모자랐다. 결국 처음 세차장을 선택했을 때 정한 '작은 규모'가 문제였다. 두 대 정도만 세차할 수 있는 공간의 제약이 이 문제의 본질이었기 때문이다.

인우는 이때 문득 인선의 말을 떠올렸다.

'넘쳐봐야 깨닫게 되는 것'

인선이 말한 넘침이 어쩌면 이것이 아닐까 생각했다. 밀려오는 고객들로 휴일도 없애고 개인 시간마저 거의 없애면서 하루에 열다섯 시간 이상을 일하던 인우는 인선에게 구조 요청의 문자를 보냈다. 누군가에게는 행복한 비명일지 모르지만 인우에겐 생존의 비명이었다.

20

"그래서 인우 씨는 뭐라고 대답했어요?"
"걱정하지 말라고, 어차피 안다고 해도 자기가 직접 하

는 사람은 흔하지 않다고, 아는 건 누구나 하지만 하는 건
아무나 못 한다고 말했지요."

"하하하, 명답이네요. 아는 건 누구나 하지만, 하는 건
아무나 못 한다."

답답한 인우의 마음을 모른 체하듯, 인선은 인우의 현
재 고민이 아니라 그 고민이 시작된 과정을 더 궁금해했
다. 유튜브의 조회 수가 터진 후, 세차를 하며 익힌 노하
우를 전부 영상에 담으려고 했을 때 가장 많이 걱정한 사
람은 안향이었다.

거기에는 단순히 세차뿐만 아니라 시트 복원이나 지워
지지 않는 흠집 없애는 법 따위의, 원래는 전문가를 찾아
가서 해결해야 하는 문제를 집에서 쉽게 해결할 수 있게
만드는 노하우도 포함되어 있었다.

그렇게 자기 노하우를 가감 없이 전부 알려주면 사람
들이 그 방법으로 세차나 차량 관리를 직접 하지 세차장
을 찾아오지 않을 것이라는 게 안향의 걱정이었다. 비밀
이 없어진 가게에 손님들이 올까 하는 걱정.

하지만 인우의 생각은 달랐다. 사람들은 자기가 모르는

비밀을 가지고 있는 곳이기에 방문하는 것이 아니라, 그런 비밀을 만들기까지 노력한 인우의 시간과 정성을 사기 위해 방문하는 것이라 생각했다.

오랜 시간 세차를 하면서 찾아오는 고객의 질문에 정성껏 대답해 주고 늘 세차하는 법을 알려줘도 고객들이 언제나 다시 방문하는 모습을 지켜봤기에 갖게 된 생각이었다. 그리고 이 생각은 맞았다.

유명한 중식당의 요리 비법을 알았다고 사람들이 그 집을 외면하지 않는다. 나보다 그가 하는 요리를 먹고 싶어 하는 마음이 더욱 크기 때문이고, 막상 직접 하려고 하면 생각보다 쉽지 않기 때문이다.

비법이란 따지고 보면 특별함이 아니라 끈기와 인내로 완성되는 꾸준함이기 때문이다.

"인우 씨는 유튜브를 하면서 자연스럽게 브랜딩을 하기 위한 핵심 법칙을 모두 실행했군요. 유튜브가 잘된 것도, 인우 씨의 브랜드가 쌓인 것도 모두 이해돼요."

"그런가요? 저는 그저 해야 될 것 같은 일들을 했을 뿐인데요."

"유튜브에 영상이 하나 폭발한 시점부터, 인우 씨는 지속적으로 폭발한 영상과 같은 결의 콘텐츠를 만들었어요. 그래서 인우 씨의 유튜브는 세차를 하는 영상으로 시작했지만 이후에는 '세차를 할 때 알면 좋은 노하우'로 채워졌지요. 바로 그게 시장이 원하는 거였으니까요."

'사람들이 보고 싶어 하는 것들을 보여준다.'

"단순하지만 브랜딩을 성공시키기 위한 첫 번째 법칙이에요. 자기가 가지고 있는 걸 보여주는 게 아니라, 자기가 가지고 있는 것 중 시장이 원하는 것을 보여주는 거지요. 두 가지는 완전히 달라요. 예전에 저와 커피 한잔을 했던 분이 있었어요. 그분은 30년간 지하철에 관련된 일을 했고, 이제는 은퇴해서 책을 쓰고 싶다는 고민을 털어놓았지요. 그분은 지하철에 대해 대한민국에서 자기만큼 아는 사람은 없다고 했어요. 그래서 지하철에 관련된 책을 쓰고 싶어 했지요.

나는 그분께 이렇게 대답했어요. 지하철에 관련된 책을 쓰면 그 책의 내용은 아마 대한민국에서 가장 정확하고 자세할 거라고, 하지만 사람들은 그 책을 사지 않을 거라고요. 그 누구도 지하철에 대해 자세히 알고 싶어 하지는 않으니까요. 대신 그분에게 제안했어요.

본인이 가진 경험을, 사람들이 원하는 이야기로 보여주라고 말이지요. 결국 그분은 지하철로 즐기는 데이트 코스에 대한 책을 쓰셨어요.

지하철 노선을 세 시간 코스, 다섯 시간 코스, 열 시간 코스로 나눠 설명하고, 지하철역마다 나와서 할 만한 것들을 데이트 코스로 엮은 거예요.

그건 사람들이 원하는 이야기거든요. 사람들은 지하철에 관심이 없어도, 데이트를 하기 위한 코스를 노선과 엮어 즐기는 것에는 충분히 관심이 있거든요.

차가 없는 젊은 커플들이나 학생들의 경우 니즈가 더욱 강할 거고요. 그분은 그 후에 '지하철 문화 지킴이'라는 브랜딩을 얻었고 행복한 노후를 보내고 계시지요. 인우 씨가 했던 일은 이런 일이에요. 단순히 인우 씨의 기술을 보여준 게 아니라, 인우 씨의 기술을 사람들이 원하는 방향으로 각색해서 보여준 거지요."

"그렇군요. 뿌듯해지네요. 얼어걸린 느낌이지만요."

"하하, 전혀 아니에요. 인우 씨는 이미 다 알고 있어요. 그간의 경험이 있기 때문이지요. 다만 설명하는 법을 모를 뿐이에요. 마치 소설 『향수』에 나오는 그르누이가 세상 모든 향을 만드는 법은 알았지만 그걸 설명하는 법을 몰랐듯이요.

더욱이 인우 씨는 설명할 필요가 없지요. 어차피 남에게 설명하기 위한 일은 한동안 없을 테니까. 이후에는 생기게 되겠지만, 어찌 되었건 이렇게 경험을 먼저 하고 그 경험의 의미를 배워가는 게 좋아요.

그리고 인우 씨는 브랜딩을 위한 두 번째 핵심을 자연스럽게 같이 실행했어요. 바로 노하우를 아낌없이 알려주면서 왜 그 노하우를 배우게 되었는지 자신의 경험을 영상에 첨부한 것이지요."

"그건 어떤 의미가 있었을까요?"

"인우 씨의 노하우를 알려주는 과정에서 인우 씨가 알고 있는 방대한 지식이 모두 영상으로 담겼을 거예요. 사람들은 그걸 보며 생각하겠지요.

이 사람은 단순히 한두 가지 기술을 가진 사람이 아니라 세차의 모든 것을 알고 있는 장인이구나, 하고요. 그 노하우를 어떻게 배우게 되었는지를 설명하는 것 역시 마찬가지예요.

얼마나 오랜 시간 연구했고 고민했을지 상상하면서 그 시간의 양을 사람들이 고스란히 느끼겠지요. 결국 사람들은 인우 씨의 영상을 보며 이 사람은 세차를 잘하는 사람을 넘어서 세차에 진심이고 세차에 많은 시간을 투자한 사람이라는 것을 알게 될 거예요. 그런 사람이기 때문에 자기 차를 한번 맡겨보고 싶단 생각이 들 테고요. 이게 브랜딩의 두 번째 핵심이에요."

'사람들에게 자신의 기술이 아니라, 그 기술을 만들기까지의 시간과 정성을 인정받는다.'

"특이함이나 특별함만 가지고 있는 브랜딩은 금방 시들해져요. 모든 것은 결국 시간이 지나면 익숙해지니까요. 그렇게 잠깐 떴다가 소리 없이 사라진 수많은 브랜드를 저는 알고 있어요. 그들의 공통점은 기술이나 일시적이고 이색적인 어떤 것들로만 자신을 치장했다는 것이지요. 반면 인우 씨는 그러지 않았어요.

따지고 보면 세차가 보잘것없는 일일지도 모르잖아요. 사람들의 마음속에는요. 하지만 인우 씨는 그 하잘것없는 것에 수많은 시간을 쏟았고, 그 결과 남들이 몰랐던 여러 방식, 그 방식들을 대하는 꼼꼼함과 소명 의식 같은 것들이 생겼어요. 그건 기술의 문제가 아니라 그 기술을 보유한 사람의 인생에 대한 문제예요.

사람들은 세차를 잘하기 때문에 인우 씨의 영상을 보는 게 아니라, 그 영상에 담긴 인우 씨의 시간과 정성을 인정하기 때문에 보는 거예요.

전자였다면 이렇게까지 인우 씨가 바빠질 일이 없었겠지요. 명심하세요. 브랜딩은 사람을 감동시키는 것이고, 그 감동은 본인도 충분히 할 수 있지만 본인은 차마 하지 못한 것, 바로 '시간과 정성이 담긴 노력'에서 가장 많이 만들어져요. 마치 30년간 도자기만 구운 장인에게 보내는 외경과도 같은 거지요. 단지 도자기가 이뻐서만은 아니라는 거예요. 도자기에 담겨 있는 30년이 멋지고 감동적이라는 거지요."

"저의 시간에 사람들이 감동했다는 말이, 뭐랄까 보상받는 느낌이네요. 고맙습니다. 미처 몰랐던 고마움을 깨닫게 해주셔서."

"자랑스러워해도 좋아요. 앞으로 인우 씨의 브랜딩은
더 커질 거예요. 그만큼 더 성장할 거고요. 그러기 위해,
이제 한번 레벨 업을 해보도록 할까요? 저를 찾아온 이유
는 '오버플로'가 나버린 지금의 상황을 해결할 방법을 알
기 위함이지요?"

"네, 말씀드렸듯이 유튜브가 잘되면서 저희 세차장을
찾는 분이 너무 많아졌어요. 지금은 도저히 그분들을 다
응대할 수 없는 상황이고요. 제 몸에도 한계가 있어서 아
무리 시간을 늘려도 감당이 안 되는 실정입니다."

"말한 것에 답이 있어요. 왜 이렇게 오버플로가 났는지
는 간단해요. 인우 씨가 여전히 직접 세차 일을 하고 있기
때문이에요. 그리고 그건 사장님의 역할이 아니에요. 예
전에 말했지요. 사장님이 되었지만 아직 사장님이 되지
않았다고, 바로 이 이야기였어요."

"제가 직접 세차를 하고 있기 때문이라고요?"

"네, 현재 자기만의 업장을 가졌음에도 인우 씨는 시간
대부분을 직원으로 있었을 때와 똑같이 쓰고 있어요. 충
분히 이해해요. 인우 씨를 믿고 찾아오는 사람들에 대한

최선이라고 생각했을 테지요. 하지만 그렇게 해서는 장사를 한다고 말할 수 없어요. 그 일은 월급을 받는 사람이라면 누구나 할 수 있는 일이기 때문이에요. 월급을 주는 사람은, 월급을 주는 사람만의 일이 있어요. 그걸 할 줄 알아야 진짜 사장님이 되는 거예요."

"월급을 주는 사람만의 일이 뭐지요?"

"바로 관리예요. 인우 씨가 직접 일하는 게 아니라, 인우 씨의 일을 대신할 사람들을 뽑고, 교육하고, 그 사람들이 세차를 하며 인우 씨의 노하우와 노력의 결과를 그대로 고객들에게 줄 수 있게 만드는 것. 나아가 그런 사람들이 열심히 인우 씨를 대신해 일하는 동안 인우 씨는 그 사람들과 업장의 상황, 손님들에 대한 응대 등 전반적인 일을 관리하고 통솔하는 것. 그것이 사장님의 역할이에요."

순간 인우는 떠올렸다. 돌아보니 자신이 세차장 직원으로 일할 때 사장님이 세차를 하는 일은 거의 없었던 것을 말이다.

세차를 하는 업장을 돌아다니다 잔소리 아닌 잔소리를 하거나 세차가 끝나기를 기다리는 손님들과 여담을 주고받는 것이 사장님 하루 일과의 대부분이었다. 당시에는 사장이니까 편하게 일하려고 그러나 보다 생각했지만 아니었다.

사장님은 그때 직접 일을 하는 대신에 일이 돌아가도록 관리자의 역할을 충실히 하고 있었다. 그 역할이 있었기에 열 명이 넘는 직원과 200평이 넘는 세차장이 운영될 수 있었던 것이다.

거기에 비교해 현재 자신의 모습을 보니, 인우는 인선의 말이 무엇을 의미하는지를 직관적으로 깨달을 수 있었다. 생각에 잠긴 인우의 모습을 지그시 보던 인선이 말을 이었다.

"관리자가 되어야 해요, 이제는. 인우 씨의 노력과 정성이 이제는 인우 씨의 손을 통해서가 아니라 타인의 손을 통해서 고객들에게 전달될 수 있는 구조를 만들어야 해요.

단순히 업장을 넓히고 더 많은 사람을 고용하라는 말이 아니에요. 업장에 인우 씨가 없어도 인우 씨의 시간과 정성이 전달될 수 있는 구조로 전환하라는 거예요. 그걸 할 수 있는 사람은 인우 씨 본인밖에 없어요.

지금도 그리고 앞으로도 인우 씨의 세차장을 찾아오는 사람은 인우 씨가 만들어가는 브랜딩에 담긴 시간과 정성에 감동받아 오는 사람들일 테니까, 그들에게 그 감동이 전달되지 못하면 이내 사람들은 세차장을 떠날 테니까, 그 감동을 이식시키는 것은 그 감동을 시작한 사람만이 할 수 있는 일일 테니까."

"무슨 말씀인지 잘 알겠습니다. 지난번에 말씀하신 것처럼, 정말로 넘치고 나서야 이해가 되네요. 제가 아닌 사람들의 손을 통해 제가 줄 수 있는 것을 주는 법을 배우라는 말씀이군요. 그것을 할 줄 알아야 한 업장을 책임지는 사장님의 자격이 있다는 거고요."

"맞아요. 그렇게 하기 위해서 무엇이 필요한지는 지금의 인우 씨라면 충분히 고민해서 해결할 수 있을 거예요. 어떻게 하면 인우 씨의 직원들이 인우 씨와 같은 것을 줄 수 있는지를 말이지요. 그렇게 되었을 때 비로소 인우 씨는 사장님이 되는 거예요. 그리고 이 모든 것은 인우 씨가 자기의 브랜드를 충실히 쌓아왔기 때문에 가능한 일이고요."

"잘 알겠습니다. 해결하는 법을 알았으니, 이제부터 해결하기 위해 다시 저의 시간을 사용하도록 하겠습니다.
감사합니다."

"아, 그리고 마지막으로."
"네?"
"인우 씨의 브랜딩은 이제 시작이에요. 앞으로 그 브랜
딩을 무기로 더 많은 일을 할 수 있을 테지요. 그렇기 때
문에 그 브랜딩을 누구보다 훌륭히 성장시킬 의무와 책임
이 있어요. 조금 더 브랜딩에 노력하길 바랄게요."
"알겠습니다. 앞으로 더 많은 영상을 올리…."
"단순히 양의 문제가 아니에요. 브랜딩은 양으로 성장
하는 건 아니니까요. 늘 그랬듯 미리 답을 알려주면 재미
가 없으니까요. 작은 팁을 하나 줄게요. 인우 씨를 좋아하
는 사람들보다 더 많이 인우 씨가 그들을 사랑하기 위해
노력하세요. 그러면 자연스럽게 열릴 거예요, 길이."
"…사실 와닿지는 않고 이해도 어렵습니다만, 해볼게
요. 더 많이 사랑해 보도록 할게요."
"좋아요. 우리가 다음에 만날 때에는 인우 씨의 시선
가장 끝 지점에 저의 뒷모습이 보일 정도로 우리의 거리

는 가까워져 있을 거예요. 기약이 없긴 하지만, 그때 다시 만나지요. 그리고 고마워요. 생각 이상으로 나를 즐겁게 해줘서."

"아니에요. 늘 감사는 제가 더 크다는 것만 알아주세요. 그리고, 안색이 많이 어두워지셨어요. 오늘 유난히 그런 느낌이 들었습니다. 건강 관리를 하셔야 할 것 같아요."

"충분히 건강해요. 우리가 만난 지 벌써 7년이 넘었어요. 서로의 모습이 조금은 변할 때도 되었지요. 그래서 그런 거예요. 제 걱정은 말아요."

"그렇다면 다행이고요. 앞으로도 계속 안부 인사는 드릴게요. 선생님께서 말씀하신 그때, 다시 뵐게요."

인우는 오랜만에 노트를 펼친다. 그전에는 확신이 없어서 적지 못했던 지난 1년의 배움을 인우는 확신에 찬 손길로 적어나갔다.

- 부를 배우다-

1. 부는 근접전이다

2. 1000만 원을 벌어야 한다. 어떻게?

3. 시간이란 곧 돈으로 교환할 수 있는 금이다

4. 금은 세공할수록 그 값이 올라간다

5. 금을 세공해서 만드는 반지의 이름은 특별함이다

6. 그 반지를 만들기 위해서는 깎여나가는 시간을 견뎌야 한다

7. 이 반지는 절대 반지다. 어떻게 사용하느냐에 따라 가치가 달라진다

8. 혼자 성장하는 사람은 없다. 사람은 사람으로부터 배워나간다

9. 00년 00월 00일. 나는 비로소 1000만 원을 벌게 되었다.

10. 나 자신도 고민하지 않는 내 시간의 값은, 그 누구도 매겨주지 않는다

11. 경험해야지만 깨닫게 되는 것들이 있다. 근접전이다. 선생님이 옳았다

12. 시선이 달라지면, 보는 것도 달라진다. 다른 것을 볼 수 있어야 다른 시선도 가질 수 있다

13. 한 우물을 파는 노력이 아니라, 한 우물을 알아보는 노력!

14. 브랜딩의 하나, 사람들이 원하는 것을 보여준다

15. 브랜딩의 둘, 기술이 아닌 시간을 인정받는다
16. 사장이 된다는 것, 일을 하는 사람이 아닌 일을 관리하는 사람이 된다는 것
17. 브랜딩의 확장, 고객을 더욱 사랑하라. 응?

21

"돈을 많이 주니까요. 돈을 많이 벌고 싶고요."

뜻밖의 대답을 듣고 잠깐 인상을 찌푸렸다 이내 미소 짓는 인우였다. 인우 세차장의 면접을 보는 날이었다. 열한 번째 직원을 뽑기 위해서.

1년 전, 인선과의 만남을 끝내고 돌아온 인우가 가장 먼저 한 일은 더 넓은 세차장을 구하는 일이 아니었다. 직원을 뽑는 일이었다. 인우를 포함해 두 명이면 충분히 돌아가는 기존의 세차장에서 인우는 다섯 명의 직원을 추가로 채용했다.

채용 공고는 모두 자신의 유튜브에 올렸다. 자신이 어떻게 세차를 통해 여기까지 왔는지 인우는 차분하지만 강한 의지를 가진 목소리로 설명했고, 자기처럼 세차를 통해 경제적 안정감과 능력을 가지길 원하는 사람을 찾는다고 말했다. 결과는 성공적이었다. 꽤 많은 사람이 인우의 세차장에 이력서를 보냈고, 그중 다섯 명을 선발했다.

그렇게 여섯 명이 작은 세차장에 모인 날, 인우는 그들에게 다음과 같은 제안을 했다.

"저는 단순히 세차를 하는 직원을 뽑은 것이 아닙니다. 저와 같은 마음과 자세로 저 대신 '인우의 세차'를 할 수 있는 동료를 구한 것입니다. 앞으로 여러분은 저에게 세차에 대한 교육을 받게 될 것입니다. 저는 여러분께 제가 가진 모든 것을 알려줄 것입니다.

교육을 받는 동안에도 월급은 정상적으로 지급됩니다. 그리고 여러분 모두가 준비되었을 때 카마카세는 세차장을 옮길 것입니다. 제가 이렇게까지 하는 이유는 저의 세차장을 방문하는 고객은 제가 지금까지 세차에 걸었던 시간과 정성을 인정하는 사람들이기 때문입니다. 그런 고객들에게 만족할 만한 서비스를 줘야 한다는 소명 의식이 있기 때문입니다. 저에게 세차는, 아무나 할 수 있는 일이지만 동시에 아무렇게나 해서는 안 될 일이기 때문입니다.

교육이 끝나고 세차를 본격적으로 하게 되면, 숙련도와 기술에 따라 여러분은 여러분이 맡은 차량 관리에 대해 일정 부분을 추가 수익으로 가져가게 될 것입니다. 시작은 10퍼센트지만 저는 50퍼센트까지 나눌 의향이 있습니다. 모든 것은 여러분이 얼마나 확실하게 배우고 또한 얼마나 확실하게 실전에서 적용하느냐에 달려 있습니다.

저를 믿고 여기까지 오셨듯이 저도 여러분을 믿습니다. 우리는 잘해나갈 수 있을 것입니다."

그렇게 3개월이 넘는 시간 동안 인우는 직원들을 교육했다. 이 기간에 특별히 수입이 늘어나지 않았고, 월급을 줘야 했기에 순수익은 줄어들었다. 하지만 인우는 이것은 그다음을 위해 반드시 해야 하는 투자라고 생각했다. 서비스 시장에는 전관예우가 없는 법이다.

지금이야 인우의 세차에 만족해서 수많은 사람이 오고 있지만, 서비스 질이 나빠지면 시장은 언제 그랬냐는 듯이 발길을 돌릴 수 있음을 인우는 잘 알고 있었다. 그렇기 때문에 무작정 직원을 뽑아 세차장의 영업 범위를 늘리는 것보다, 최소한의 교육을 끝내고, 그래서 고객이 서비스의 질이 나빠지지 않았다고 느낄 정도는 된 후에 실무에 투입하는 것이 맞는 방식이라고 판단했다.

돈이 되지 않는 시간을 인우는 이제 자신의 방식으로 해석할 수 있게 되었다.

그렇게 인우는 세공하는 동안 깎여나가는 금을 기꺼이 지불했다. 물론 이 모든 것을 유튜브에 끊임없이 올리며 자기가 하고 있는 교육들을 콘텐츠로 만들었다. 이 과정을 통해 사람들은 인우가 세차에 얼마나 진심인지, 또한 단순히 외연 확장이 아니라 더 많은 사람에게 디테일한 세차를 선물하기 위해 규모를 늘리는 것이라는 인우의 의도를 자연스럽게 전달받을 수 있었다. 모든 것은 인우가 쌓은 브랜딩이 있기 때문에 가능한 일이었다.

직원들의 세차 기술과 숙련도가 올라가자 인우는 세차장을 옮겼다. 기존보다 훨씬 큰 세차장으로. 동시에 10대가 들어와 세차를 할 수 있는 규모였다. 인우가 채용한 사람들에 비해 규모가 두 배는 컸지만 이것 역시 계산 끝에 내린 판단이었다. 수익이 안정되면 직원은 더 늘릴 계획이었기 때문에 최종적으로 본인이 생각하는 공급 물량에 맞춰 미리 큰 세차장을 구한 것이었다.

그래서 처음에는 세차장의 반밖에 돌아가지 못했다. 하지만 인우는 나머지 공간을 그냥 놀리는 것이 아니라 최소한의 비용으로 셀프 세차를 할 수 있도록 구성했다. 대기열이 길어서 그냥 돌아가게 만드는 것보다 원한다면 셀프 세차를 하게 만드는 편이 더 낫다고 판단해서였다. 또한 셀프 세차를 하는 사람들에게 넌지시 다가가 세차에 대해 이것저것 알려주는 식의 영업을 하면 장기적으로 자신의 세차장을 이용하는 또 다른 고객으로 변환시킬 수 있으리란 계산도 있었다.

이 모든 것의 결과는 성공적이었다. 인우의 세차장을 찾는 사람들은 유튜브를 통해 인우의 브랜딩을 전해 들은 사람들이었는데, 이들은 인우가 얼마나 직원 교육에 신경을 썼는지를 이미 알고 있었기 때문에 직원들이 하는 세차에도 만족하며 돌아갔다.

물론 교육을 훌륭히 이수한 직원들의 능숙한 세차 실력도 만족도를 높이는 데 큰 역할을 했다. 여전히 수요보다 공급이 커서 셀프 세차장을 이용하는 사람도 많았다. 인우는 그들 한 사람 한 사람에게 다가가 세차에 대해 궁금한 것들을 아낌없이 알려주었고, 이는 사람들이 만족할 만한 서비스였다.

또한 단순히 직원들에게 세차를 맡기는 것이 아니라 끊임없이 돌아다니며 세차를 관리 감독했고, 직원들이 세차를 하다 난감해하는 지점이 생기면 언제든 달려가 직접 도움을 주었다. 그렇게 인우는 점차 관리자로 변해갔다. 사장의 시선을 가지기 시작한 것이다. 그렇게 세차장의 시스템이 안정기로 접어들자, 인우는 추가로 사람을 채용했다. 다시 6개월이 지나고 오늘, 마지막 열한 번째 직원을 뽑기 위한 면접을 진행 중이었다.

"목적이 있다는 것은 좋은 것입니다. 일은 자기를 위해 하는 것이고, 자기를 위한 것이 구체적일수록 열심히 하게 되니까요. 저도 돈을 좋아합니다. 그래서 이렇게 확장하고 있는 것이고요. 다만 돈을 좋아한다는 것은 다른 어떠한 것을 좋아하는 것보다 무거운 책임이 따릅니다. 이점에 대해서도 알고 있나요?

돈을 좋아하려면 돈의 속성을 알아야 합니다. 돈은 정직하게 자기의 능력만큼만 자신에게 돌아옵니다. 그래서 돈을 많이 벌려면 요행이 아니라 자기만의 능력이 필요한 법입니다. 우리가 줄 수 있는 능력은 세차밖에 없습니다. 하지만 세차에 관해선 그 어떤 곳보다 확실하게 능력을 올려드릴 수 있습니다. 그러나 우리가 아무리 준다고 해도, 자동으로 능력이 올라가지는 않습니다. 본인의 의지와 노력이 필요합니다. 돈을 좋아한다는 말을, 그 돈을 위해 자기의 시간과 정성을 투자할 의지가 있다고 봐도 될까요?"

"맡겨보세요. 제가 아직 어리지만 하나를 시작하면 끝을 봅니다. 저는 사장님 유튜브를 보고 여기에 왔습니다. 제가 본 건 유튜브에서 사장님의 노력이 아니라 그 노력의 결과로 사장님이 누리는 경제적 유복함이었습니다. 그 유복함을 가지고 싶습니다. 그러기 위해 아무리 힘든 일이라도 최선을 다할 겁니다. 돈 많이 벌 수 있다는데 뭔들 못 하겠습니까."

제법 당돌한 대답에 미소 지은 이유는 인우가 이런 단순함을 좋아하기 때문이었다. 자신도 인선과의 만남을 통해 얻은 단순한 질문 하나로 여기까지 왔다. 지금까지 일을 하면서도 언제나 많은 고민과 생각을 했지만 일단 정해지면 단순하게 그 일 하나만 밀고 나갔다. 여러 가지를 생각하느라 정작 아무것도 시작하지 못하는 삶이 이 세상 엔 얼마나 많던가. 그런 인우였기에 이 면접자의 당돌함 과 단순함에 끌렸다. 돈을 좋아한다는 말에 순간 인상이 찌푸려졌지만, 그 대답을 통해 이 사람도 자신이 가진 단 순함과 집중력을 가지고 있다고 판단했다. 그렇게 카마카 세의 열한 번째 직원을 채용했다. 비로소 세차장의 모든 공간에 인우의 세차가 전달될 수 있는 인적 구조가 갖춰 진 것이다.

22

다른 어떤 곳과 비교해도 넓은 편이기에 평소에도 눈 길이 자연스럽게 가는 인우의 세차장. 카마카세 한쪽에 는 넓은 공간만큼이나 눈길이 가게 만드는 차량이 있다. 멋진 차량이어서가 아니다. 오히려 못생겨서다. 정확히는 엉뚱해서다.

우선 이 차의 색상을 보고 있자면 차량 주인의 미적 감 각이 의심스러워진다. 차량의 모든 부분의 색상이 제각각이기 때문이다. 보닛은 흰색인데 앞에 펜더는 검은색이다. 문 네 쪽은 각각 빨간색, 파란색, 펄이 들어간 흰색, 갈색이다. 트렁크는 도색이 아닌 래핑지를 반반 나눠 씌워놨는데 한쪽 면은 무광 검은색이고 나머지 한쪽 면은 유광 흰색이다. 차량 내부는 더욱 가관이다. 운전석은 가죽 시트고, 보조석은 직물 시트다.

차량 뒤쪽 좌석은 갈색, 흰색, 검은색 가죽 시트로 덕지덕지 뒤덮여 있다. 특히 흰색 부분은 칼로 난자하고 포크 따위의 물건으로 여기저기 찌른 듯 상태가 엉망이다. 아무리 봐도 정상적인 사람이 운전을 할 수 있는 형태의 차량은 아니었다.

이 우스꽝스러운 차량에는 늘 사람이 붐빈다. 차를 몰기 위해서가 아니라 차를 촬영하기 위해서다. 바쁘게 돌아가는 여러 대의 카메라, 분주히 소품을 들고 나르는 촬영 스태프까지. 늘 촬영에 바빠 보이는 이 장소의 중심에 언제나 인우가 있었다.

직원을 모두 채용하고 반년간 인우는 직원들의 교육과 매장 관리에 온 힘을 쏟았다. 모든 직원이 비교적 동일한 품질의 세차를 제공하게 만들기 위해 최선을 다한 것이다. 동시에 넓은 세차장을 돌아다니면서 끊임없이 직원, 고객과의 소통을 게을리하지 않았고, 세차장 마감 즈음에는 본인도 차량 한두 대를 세차하면서 알고 있는 지식과 기술이 녹슬지 않도록 했다.

일정 시간이 지나자 직원들은 점차 세차에 숙달되어 갔다. 인우의 세차 방식을 그대로 이어받은 채 말이다. 숙련도가 오름에 따라 직원들이 가져가는 인센티브도 점차 늘어갔다. 모두가 30퍼센트 이상의 인센티브를 가져갈 때쯤 되자, 인우가 딱히 관리하지 않아도 세차장은 모두 인우의 세차 방식으로 완전히 채워졌다.

이때쯤 인우는 크라우드 서비스를 이용한 공동 문서 제작 공간을 모든 직원이 사용하게 만들었다. 해당 문서에는 하루하루를 보낸 직원들이 그날 겪은 경험이나 스스로 시도한 새로운 세차 방식의 결과들을 공유했다. 그렇게 열한 명의 세차에 관한 지식이 한 공간에 쌓이자 세차 방식은 더욱 세련되어졌고, 각각의 세차 상황에 대해 더욱 정교한 방식들이 모두의 지식으로 전달되기 시작한다.

여담이지만 4년이 지날 때면 이 문서가 세차에 관한 바이블로 진화하게 된다. 이를테면 'K5 3세대, 흰색, 가죽 시트, 담배 손상' 따위를 검색하면 거기에 관련되어 어떤 세차 방식이 있는지, 결과가 어떤지 따위가 바로 검색되는 정도로 방대한 데이터가 쌓인 것이다. 모두의 지식을 한데 모아서 관리하는 인우의 선택은 훗날 인우가 한 단계 더 성장하는 데 큰 자산이 된다. 아직은 아무도 모르는 미래의 일이다.

세차장에서 많은 시간을 들이지 않아도 되자, 인우는 인선의 또 하나의 조언을 실행하기로 결심한다. 세차장을 찾아오는 고객들과 자신의 채널을 보는 구독자를 더욱 사랑하기 위한 행동 말이다. 인우는 차량 한 대를 구입하고 차량을 아주 우스꽝스럽게 만들었다. 해당 차량을 이용해 세차에 대한 더욱 다양한 관점의 콘텐츠를 제작하기 위해서였다.

세차용품별 세척 비교 영상, 유막 제거하는 다섯 가지 방식에 대한 결과 측정, 가죽 시트 손상에 관한 고비용·저비용 해결 방식의 비교 실험, 직물 시트의 얼룩이 시간이 지남에 따라 세척되는 정도의 차이, 래핑된 차량을 색상별로 세척하는 법 등 실제 차량을 모는 이들이 겪을 수 있는 다양한 상황을 설정하고 이를 실험으로 검증하는 콘텐츠들을 올렸다.

혼자 촬영하고 편집하는 것이 아니라, 전문 촬영 팀과 편집 팀을 외주로 두었다. 아무리 좋은 콘텐츠라도 결국 시각적 가치가 높지 않으면 보는 이의 눈이 피로해질 수 있다는 판단 때문이었다. 덕분에 높은 수준의 영상이 유튜브에 채워졌다.

콘텐츠에 대한 반응은 뜨거웠다. 이처럼 세심하게 시간과 정성을 들여서 세차와 차량 관리에 대한 영상을 제작하는 곳은 없었기 때문이다. 구독자는 날이 갈수록 늘고, 구독자들은 '세차에 이상하리만치 진심인 사람', '세차계의 성덕' 등 다양한 별명을 인우에게 붙여주었다.

그리고 이 시점부터 인우는 모든 영상에 영어 제목과 영어 자막을 함께 붙였다. 세차에 관심이 있는 사람들은 한국에만 있지 않을 것이란 판단 때문이었다. 조금 시간이 지나자 인우의 영상에는 영어 댓글들이 생겼다.

이 모든 일의 시작은 인선의 말 한마디 때문이었다.

'고객을 더욱 사랑하라.'

무언가를 사랑한다는 것은 그 무언가를 위해 자신의
시간을 할애한다는 것이다. 인우가 그들을 위해 할 수 있
는 것은 결국 세차에 관한 것이었다. 자기가 알고 있는 세
차의 지식을 전달하는 것을 넘어, 그들이 궁금해하는 세
차 방식을 알려주는 것을 넘어, 그들이 궁금해할 것 같은
것을 탐구하고 알려주기에 이르렀다. 반응과 분석을 넘어
어느새 인우는 사랑이란 이름으로 고객을 통찰하고 있었
던 것이다.

무언가를 사랑한다는 것은 그 사랑을 전달하기 위해
노력을 기꺼이 감수하는 것이기도 하다. 일련의 과정을
거치면서 인우는 자신도 모르는 사이에 성장에 성장을 거
듭했다. 전문 촬영 팀을 구성하면서 자신과 함께 일하는
사람을 어떻게 다뤄야 하는지 자연스럽게 알아갔고, 각
영상에 대한 반응을 분석하며 사람들의 심리를 알게 되
었으며, 영어로 영상을 제작하고 업로드하는 과정을 통해
시장을 확장시키는 눈을 키운 것이다.

끊임없이 새롭고 신선한 것을 고객에게 선물하기 위한

인우의 고민은 어느새 세차에서 차량 관리 그리고 마지막에는 차량 관리에 대한 보다 넓은 해석으로 확장된다.

23

"고객님 차량 엔진 센서에 경고가 떴네요. 5번 실린더 내부의 유압이 허용치를 벗어나 움직이고 있어요. 엔진 점검을 한번 받으셔야 할 것 같아요."

"그래요? 심각한 건가요?"

차량 정비소에서 들릴 법한 이 대화는 정비소에서 나누는 대화가 아니었다. 인우의 세차장에서 어느샌가 자주 들리게 된 소리였다. 인우의 세차장의 모든 세차 패키지에는 진단기를 이용한 차량 점검이 포함되어 있다. 이 역시 고객을 사랑하라는 말을 인우가 실천한 결과였다.

세차를 넘어 차량 관리까지 고객에게 주고 싶은 가치를 넓혀나가자 인우는 차량 관리의 핵심은 결국 기능 관리라는 결론을 내렸다. 아무리 매끈하고 깨끗해진 차량도 내부에 이상이 있다면 차량으로서 의미가 없는 법이다. 지금까지 세차가 줄 수 있는 내부 관리가 엔진룸 청소를 통한 차량 내부 장치의 청결도 유지가 전부였다면, 인우는 여기에서 좀 더 확장된 서비스를 생각했다.

차량 관리를 도와주고 싶다고 해서, 정비에 전혀 지식이 없는 자신이 정비를 새로 배울 수는 없는 노릇이다. 엄연히 그 일은 정비소가 해야 하는 일, 인우가 할 수 있는 일은 아니었다. 그 대신 인우는 전혀 다른 형태의 구조 개설을 통해 이 문제를 해결하려 했다. 이를 위해 인우는 진단기를 이용한 기본적인 점검을 모든 세차 서비스에 추가했다. 말이 기본 점검이지 최근 10년 사이에 나온 거의 모든 차량은 진단기만으로 많은 문제를 알아낼 수 있었다. 진단기를 차량에 꽂는 것만으로도 수많은 기능의 현재 상태를 분석할 수 있다는 뜻이다.

여기서 인우는 한발 더 나아가게 된다. 진단기를 통해 단순히 문제를 알려주는 것보다 더 많은 서비스를 주고 싶었던 것이다. 문제를 알게 된 고객들은 자연스럽게 어디서 고칠지에 대해 고민하지 않을까 하는 생각에 인우는 시간이 나는 대로 주변 정비소들을 방문했다. 그렇게 정비소 수십 곳을 방문하며 인우는 자기 나름의 방식으로 '좋은 정비소'를 선별했다. 손님이 많은 곳, 자신의 홍보 채널을 가지고 있는 곳, 사장이 늘 나와서 운영하는 곳, 이용 손님들에게 직접 물어봤을 때 오랜 단골 손님이 많은 곳 등등의 기준으로 말이다. 그렇게 좋은 정비소란 생각이 들면 인우는 해당 정비소의 사장에게 협력 제안을 했다. 자신의 소개로 찾아오는 고객들은 공임에서 일정 부분 할인해 달라는 것이 협력안의 요지였다.

여기서 인우는 조금의 이익도 가져가지 않았다. 자신의 고객들에게 선의를 베푸는 것에 자신의 이익이 연결된다면 나쁜 의도로 해석될지 모른다는 우려 때문이었다. 이 점 역시 고객들이 인우의 세차장을 더욱 신뢰하게 되는 계기가 되었다.

인우가 지금까지 쌓아놓은 브랜딩의 힘은 차량 관련된 일을 하는 사람들에겐 특히나 많이 알려져 있었다. 그런 인우의 신뢰를 바탕으로 생각보다 협력 제안은 쉽게 이뤄졌고, 협력 정비소 네 곳이 생겨났다. 훗날에는 차량 정비 유튜버들이나 차량 정비소에서 먼저 연락이 와 협력을 구하는 일이 생겨나고 이를 통해 더욱 인우의 차량 관리 네트워크는 공고해지는데, 이는 미래의 일이다. 이 모든 것 역시 인우가 지금까지 쌓아놓은 브랜딩의 반사이익이었다.

이 과정을 보내고 나자 이제 인우의 세차장에 오는 고객들은 다양한 세차 서비스뿐만 아니라 차량 관리에 대한 기본적인 서비스도 함께 받을 수 있게 되었다. 사실 고객의 입장에서 자신의 차량에 진단기를 꽂는 일은 1년에 한두 번 있을까 말까 하는 일이다. 서비스 기간이 지난 차량일수록 더욱 그렇다. 그런 그들에게 비교적 자주 하는 세차 서비스에서 자기 차량의 현재 상태를 정확히 알려주는 서비스는 여러모로 가치가 있었다. 당연히 고객의 만족도는 높았고, 이는 인우의 세차장에 더욱 많은 손님을 끌어모으는 힘이 되었다.

인우는 이 모든 과정을 여과 없이 유튜브를 통해 구독자와 공유했다. 자신이 어떠한 생각으로 이 서비스를 기획했으며, 어떠한 과정을 통해 이를 구조화시켰는지를 그대로 담아냈다. 그 모든 영상에는 인우가 얼마나 세차에 진심인지, 또한 고객을 생각하는지가 그대로 전달되었다.

평소 꾸미기를 좋아하지 않고 덤덤히 자신의 생각과 행동을 과장 없이 말하는 인우의 성격도 진심을 전달하는 데 좋은 요소로 작용했다.

마지막으로 인우가 서비스를 확장한 것은 여러 차량의 다양한 튜닝을 모아 룩북 형태로 데이터를 쌓는 일이었다. 세차를 하러 오는 고객들은 언제나 자기 차량이 좀 더 멋지게 보이길 원하는 법이다. 그리고 오랜 세차를 하면서 같은 차량이라 하더라도 어떻게 외관과 내관을 튜닝하는가에 따라 전혀 다른 이미지로 다가온다는 걸 인우는 잘 알고 있었다. 그래서 튜닝을 예쁘게 한 차량을 세차할 때면 고객의 동의를 구하고 이를 촬영해 클라우드 서비스를 통해 직원 모두가 공유하게 만들었다. 처음에는 주먹구구식으로 사진만 모았지만, 차차 이를 목록화했다. 분류화 작업을 한 것이다.

일정 시간이 지나자 특정 차량을 데이터베이스에서 검색하면 해당 차량에 대한 다양한 튜닝 실사 사진을 실시간으로 볼 수 있게 되었다. 해당 사진의 하단 부분에는 튜닝한 내용과 튜닝한 업체, 튜닝에 들어간 금액까지 기록하게 만들어 누구나 사진을 보면 어떤 업체에서 얼마를 주고 튜닝했는지를 쉽게 알게 되었다. 고객들은 특히 이 지점을 좋아했다. 특이하게도 튜닝의 세계에서는 늘 정보의 불균형이 일어났기 때문이다. 디테일이 생명인 튜닝에서는 같은 작업도 어디서 하느냐에 따라 결과가 달랐고, 가격은 제각각인데 그마저도 알기 쉽지 않았다. 인우의 룩북 서비스는 그 자체만으로 튜닝을 좋아하는 사람들의 목마름을 해결해 주었다.

그렇게 세차로 시작된 인우의 서비스는 정비를 넘어 차량의 외관 디자인까지 확장되었다. 이제 인우는 단순히 세차를 잘하는 사람을 넘어 고객을 위해 차량의 모든 것을 세심하게 관리하는 사람으로 사람들에게 인식되어 갔다. 어느 순간 사람들은 댓글을 통해 인우를 이렇게 불렀다.

'카마카세의 카레이터.'

유튜브 영상의 한 구독자가 '사장님은 세차를 하는 게 아니라 아예 차량 하나를 작품으로 생각하고 관리하는 큐레이터 같으십니다. 이제부터 카레이터라 부를게요'라는 댓글을 남겼는데 이 댓글이 엄청난 '좋아요'를 받으며 너도나도 인우를 카레이터라고 불렀다.

이는 브랜딩의 최고 단계에 해당한다. 본인이 스스로를 규정하는 것이 아니라 세상이 먼저 인정해 불러주는 이름, 이것이 브랜딩의 완성이기 때문이다. 굳이 최고라고 말하지 않아도 에르메스 가방을 인생 가방이라 부르는 것처럼, 롤스로이스를 끝판왕이라 부르는 것처럼 말이다. 그렇게 고객을 사랑하라는 말로 시작된 인우의 행동은 결국 인우에게 브랜딩이 가질 수 있는 최고의 평가를 선물해 주었다.

"여러 가지로 놀라게 하네요. 운전은 할 만한가요?"

"운전은 여전히 거지 같아요. 다만 운전석에 앉아 있는 시간이 의미가 있네요."

"어떤 의미지요?"

"성공한 사람들의 속내를 알 수 있는 자리더군요, 거긴. 차라는 건 참 신기해요. 차는 항상 밖에 있는데, 사람들은 차 안을 집과 밖의 경계쯤으로 생각하더라고요. 밖인 동시에 밖이 아닌 나만의 공간 같은 느낌이요. 그래서 차 안에선 누구나 풀어져요. 자세도 마음도요. 그러다 보니 듣는 속내가 많아요. 그 이야기들 하나하나가 재미있고요."

"오호라, 생각해 보니 나도 차를 타고 어딘가로 이동할 때면 풀어진 것 같네요. 재미있는 관점이에요."

"차 안에서 나누는 이야기들에서 나는 성공이란 녀석을 마주합니다. 체면을 차리기 위해, 사회적 위신을 위해 내뱉는 말들이 아니라 가슴속에 꽁꽁 숨겨두었던 성공에 관한 이야기들을 자연스럽게 묻고, 답을 듣지요. 물론 제게 이런 이야기를 하는 건 아버지의 배경 덕분이겠지만요."

"꼭 그것만은 아닐 거예요."

"네?"

"배상 씨가 자신의 건강을 관리해 주는 유명 의사의 아들이 아니었어도, 결국 시간이 지나면 그런 이야기를 들을 수 있었을 거예요. 누구나 자신과 오랜 시간 함께한 사람과 관계라는 것을 맺어요. 그 관계의 힘은 서로의 빗장을 풀게 만들지요. 생각해 보세요, 좁디좁은 공간 안에 하루에도 몇 시간을 붙어 있는데, 친해지겠지요. 그러다 보면 이야기도 자연스럽게 나올 거고요."

"그런가요?"

"어떤 의도에서였는지는 몰라도 운전기사라는 자리를 선택한 것은 결과적으로 아주 훌륭한 선택이었어요. 저도 듣기 전까진 몰랐어요. 들어보니 깨닫게 되었지요. 그런 의미에서 제가 배상 씨에게 배웠네요. 운전석 안에서 들을 수 있는 많은 이야기가 배상 씨가 알고자 하는 성공의 가장 날것 그대로의 모습일 거예요. 그 모습을 경험할 수 있다는 것은 그것만으로 엄청난 강점이에요.

예전에 책에서 읽었던 이야기가 있는데, 외국의 부자 이야기였어요. 그 사람에겐 운전기사가 있었는데 20년이 넘게 자신의 차를 그에게 맡겼지요. 시간이 지나 은퇴할 때가 되자 그 부자는 지금까지 자신의 차를 몰아준 그에게 감사를 전하기 위해 꽤 큰돈을 퇴직금으로 건넸어요.

하지만 그 사람은 받지 않았지요. 그리고 웃으면서 이야기하지요. 당신을 모시고 달렸던 지난 세월, 나는 늘 당신이 뒷자리에 앉아서 하는 이야기를 들었노라고. 그 이야기를 듣다 보니 돈이 될 만한 투자거리나 정보를 많이 알았고, 거기에 투자하다 보니 나도 어느새 남부럽지 않을 만큼 돈을 벌었노라고, 그래서 퇴직금은 그것으로 충분하다고 말이지요. 당시 이 이야기를 읽으면서 재미있는 이야기네 하고 넘어갔는데, 오늘 보니 그 이야기도 어쩌면 실재하는 누군가의 이야기일 수도 있겠단 생각이 드네요. 배상 씨도 아주 훌륭히 본인만의 씨앗을 쌓았군요."

"처음 운전기사를 할 때는 불만이 많았어요. 새벽까지 술자리를 지키고 있자면 천하의 반배상이 왜 이런 일을 하는가 하는 자괴감도 들었고요. 하지만 시간이 지날수록 아니라는 걸 깨달았어요. 골프 치고 술 마시는 것도 그 나름대로의 성공 방식이더라고요.

결과론적인 해석일지는 몰라도 저는 그렇게 하나씩 얻고 훔쳤습니다. 그처럼 성공한 건 아직 아니지만, 성공한 그와 같은 시간대를 살아가고 같은 공간에서 이야기를 나눌 수 있다는 것, 그것이 이 일이 가지는 가치라고 확신합니다. 또한 그토록 싫어하는 게 노동이라고 생각했는데, 막상 나를 위한 일이라 생각하니 그리 힘들지도 않더라고요. 지금도 운전 자체를 좋아하거나 원하지는 않지만 이젠 알 것 같아요. 내가 원하는 걸 이루기 위해서는, 내가 원하지 않는 일도 해야 한다는 걸요."

"배상 씨도 차를 통해 인생을 배우네요."

"네?"

"아니에요. 하하, 차라는 녀석이 참 묘하다 싶어서요. 이참에 나도 차나 바꿔볼까? 아무튼 그래서 앞으로의 계획은 뭐예요?"

"이 일을 계속하려고요. 다만 다른 CEO를 찾아갈까 해요. 여기서는 충분히 들을 만큼 들었고, 훔칠 만큼 훔쳤으니까요. 다른 CEO는 또 어떤 생각이 있는지, 어떤 성공의 비법이 있는지를 찾아보려고요. 그러다 보면 그다음 길이 보이겠지요."

"좋은 생각이네요. 아마 그런 의도로 경험을 쌓으면 그 경험은 대한민국에서, 아니 어쩌면 세계에서 유일한 경험이 될 거예요. 성공을 훔치기 위해 성공한 이들의 운전석에 앉는 삶이라, 뭔가 소설 같지 않아요? 그 끝이 기대되네요."

"저도요. 아무튼 오늘은 이렇게 제가 시작한 일을 알려드리려 찾아왔습니다. 다음에 볼 때는 여기서 얻은 걸 가지고 어떤 결과를 만들어 올게요."

"이미 훌륭해요. 잘할 거예요. 이번엔 가식을 다 빼고 솔직하게 말하는 거예요. 배상 씨는 눈치채지 못했을지 몰라도, 많이 보기 좋아졌어요. 기대가 될 만큼."

"알아요. 문득 느끼는 거지만 잘난 것 같아요, 저는."

배상과 헤어지고 인선이 나지막이 혼잣말을 한다.

"님 자를 붙이랬더니, 아예 호칭 자체를 안 써버리는군. 허허, 원체 되바라진 데다 저렇게 되었어도 여전히 날것의 기질이 보여…. 저대로 성공하면 어떤 모습일까 기대되네. 그 모습을 내가 끝까지 볼 수 있을까 걱정도 되고. 허허, 나답지 않게 쓸데없는 걱정을 하고 있네. 허허."

지저분하진 않지만, 남들이 말하는 '정갈함'과는 거리가 먼 편한 작업복. 평소와 같은 소박한 옷차림이지만 평소와 다른 장소에 인우가 앉아 있다. 이름 있는 신문사의 인터뷰 자리였다.

요즘 들어 이런 자리가 부쩍 늘었다. 사진도 나가는 인터뷰인데 차려입고 가라고 실랑이 벌이던 안향이 조금 떨어진 자리에서 인우를 째려봤다. 멋진 옷을 입는 것보다 자기다운 모습을 보여주는 게 더 좋다는 남편의 말에 아직도 심술 나 있는 것이다.

"마지막으로, 요즘 미래가 불투명해 유독 불안한 20대를 위해 한마디 해주실 수 있나요?"

"할 수 있는 거라곤 세차뿐인 제가, 저보다 훨씬 똑똑한 그들에게 어떤 말을 할 자격은 없는 것 같아요. 우리 눈에는 그들이 불안해 보일 수 있겠지만, 그들 역시 자기만의 방식과 생각으로 열심히 살아가고 있을 테니까요. 그저, 잘하고 있다고 틀리지 않았다고 말해주고 싶어요."

250

이 멘트를 마지막으로 인터뷰가 끝이 났다. 이왕 밖에 나왔는데, 바람이나 쐬고 가자는 안향의 말에 맛있는 곳에서 밥만 먹고 바로 세차장으로 돌아가겠노라고 대답하는 인우였다.

결혼 이후로 오히려 더 바빠졌다며, 이럴 거면 세차랑 결혼하지 그랬냐며 바가지 아닌 바가지를 긁는 안향이지만 이내 인우의 말을 수용한다. 인우의 불안감을 누구보다 잘 아는 안향이었기에. 최근 들어 자신을 향한 세상의 관심들에 인우는 불안해하고 있었다.

뿌리 잃은 나무는 아무리 크더라도 이내 썩는 법이다. 인우의 세차장과 채널이 유명해지자 어느 순간 세상이 인우의 세차장이 아니라 인우라는 사람 그 자체에 관심을 보였다.

다양한 매체에서 연신 인터뷰 요청이 들어왔다. 처음에는 신선하기도 하면서 설레기도 했다. 그간 자신의 삶을 세상이 알아봐 준다는 보상감도 있었다. 하지만 인터뷰가 거듭되고 이런저런 매체에 소개될수록, 자신이 소모되어 가고 있음을 서서히 느꼈다. 유명인이 되면서 자기 자신이 너무 많이 포장되어 있을까 봐, 자기의 과거를 한없이 이야기하는 동안 어느새 미래를 위한 어떠한 노력도 하지 않고 있을까 봐 인우는 불안했던 것이다.

많은 인터뷰는 자연스럽게 방송가의 눈에 인우를 들어오게 만들었다. 언제나 새로운 것에 목말라하던 그들에게는 '세차'라는 단순한 일을 이 정도로 발전시킨 그의 모습이 좋은 소재였을 것이다. 유튜브 채널에서 시작된 방송 출연은 케이블 방송을 넘어 공중파 방송으로 이어졌다. 특정 분야의 전문 직업인이 방송인으로 변모하는 것이 쉬워진 요즘이었기에 그 속도는 가팔랐다.

여기에는 인우의 입담도 한몫했다. 화려하거나 재미있진 않지만 늘 솔직하게 말하는 그의 말버릇은 시청자의 호감을 얻기에 충분했다.

늘 행동을 먼저 하고 생각한 뒤에, 이 과정 끝에 나온 말들을 내뱉는 인우였기에 그의 말에는 차분하지만 자신감이 넘쳐흘렀다. 이런 점들이 화려하진 않지만 질리지 않는 매력이 되었다. 결과적으로 오랜 시간 대중에게 소비될 수 있는 발판이 된 것이다.

방송 출연이 많아짐에 따라 그의 인맥도 다양하게 늘어났다. 연예인 인맥도 처음으로 생겼다. 연예 프로그램에서 한 출연 배우가 자신의 차를 세차하는 일상을 콘텐츠로 담은 적이 있었는데 이때 인우의 세차장을 방문했던 것이 시작이었다. 그 후 여러 연예인이 인우의 세차장을 찾아 인증숏을 남겼다. 마치 유명한 음식점에 인증숏을 남기듯 말이다.

이 모든 것이 인우에게는 즐거움이자 불안함이었다. 하지만 이런 현상을 마냥 피할 수도 없었다. 스스로도 잘 알고 있었던 것이다. 이런 이벤트 하나하나가 자신의 브랜딩에 매우 긍정적인 영향을 준다는 사실을 말이다. 그래서 피하기보다 유명세에 책임지는 모습을 보이기로 결심했다.

그런 이유로 외부 일정을 제외한 대부분의 시간을 세차장에서 보내기 위해 인우는 노력했다. 세차장에서 보내는 시간만큼 세차장 밖으로 비치는 자신의 모습에 당당할 수 있을 것이란 생각에서였다.

이런 마음을 알고 있었기에, 바빠진 그의 삶과 세차장에 더욱 많은 시간을 머무르는 그의 모습에 안향도 크게 불만을 말하지 않은 것이다.

인우의 이런 생각은 옳았다. 얼마나 많은 전문 직업인

이 방송 출연의 독에 중독되어 본업에 소홀히 하다 소리 소문 없이 사라졌던가.

매체에 휩쓸리는 것이다. 대중에 취한 것이다. 이런 휩쓸림과 취함이 위험하다는 것을 인우는 처음부터 느끼고 있었다. 그래서 현명하게 대처할 수 있었다.

대중이란 스스로 소리치기 훨씬 전부터 속으로 스멀스멀 느끼는 족속이다. 그들이 소리치기 시작했을 때는 이미 늦었다. 마치 식당에 손님이 끊기기 6개월 전 이미 손님들의 머릿속엔 불만이 쌓여가는 것처럼 말이다.

유명한 그를 세차장에 가면 언제나 만날 수 있다는 점은 인우에 대한 대중의 신뢰감을 더욱 공고하게 만들었다.

'이 사람은 유명세에 취한 사람이 아니다, 유명세만큼 자신의 일에 소명 의식을 가지고 책임지는 사람이다.'

이런 공감대가 인우의 행동을 통해 만들어진 것이다. 채널에 출연함에 따라, 유튜브나 여러 방송에 나감에 따라, 많은 연예인이 찾아와 인증숏을 남김에 따라, 무엇보다 그럼에도 자기 자리를 묵묵히 지키는 인우의 모습에 따라, 그는 '건강하고 성실하게' 유명해졌다.

올라가는 그의 명성에는 그의 전부인 세차장과 함께 그의 채널이 포함되어 있었다. 구독자는 어느새 100만 명이 넘어갔고, 넓디넓은 세차장에는 긴 줄이 생겨났다.

이 모든 것이 비교적 짧은 순간에 이뤄졌다. 그전에도 그의 세차장은 잘 운영되었고, 채널에 구독자는 많았다. 하지만 이 정도는 아니었다.

말 그대로 서서히 성장하다 어느 순간 갑자기 폭발적인 성장을 이룬 것이다. 사실 이는 특별한 일이 아니다. 모든 브랜딩에는 J그래프가 있다. 완만한 곡선 뒤엔 가파른 구간이 있는 것이다. 그리고 이 급속한 가파름은 브랜딩의 마지막에 이뤄진다.

완만한 성장을 훌륭히 완수한 브랜딩만 이것이 가능하다. 세차 하나에 집중한 그의 삶이, 세차로부터 출발한 안정된 확장이, 유명세에 휘둘리지 않는 그의 고집이 이 완만한 과정을 훌륭히 완수하게 만들었다.

세차장에 늘어선 긴 행렬은, 100만을 넘은 기념으로 유튜브로부터 받은 골드 버튼은, 이에 대한 보상이었다.

인선을 만난 지 꼬박 8년이 되던 그해 겨울, 세상이 알지 못했던 어느 세차장의 직원 인우라는 사람은 카마카세의 카레이터라는 이름으로 알려졌다.

세차장의 수익과 유튜브의 수익을 합쳐 그가 한 달에 버는 시간의 값은 어느새 1억 원이 넘었다.

25

"몸이 열 개라도 모자라지요? 나는 몸이 한 개라도 관리가 안 되는데, 하하."

"지금 농담이 나오세요? 어쩌다 이렇게 되신 거예요? 언제부터 이런 거예요?"

"오랜만에 만났는데 이런 모습으로 병원까지 오라고 해서 미안해요. 어떻게든 나가려고 했는데 반 원장이 바짓가랑이를 붙잡고 말리지 뭐야. 허허, 병원 VIP가 객사로 비명횡사하면 자기 병원 망한다나 어쩐다나."

"지금 그게 중요한 게 아니잖아요. 어디가 편찮으신 거예요?"

"오랜 지병이에요. 의사 말로는 머릿속에 작은 폭탄 같은 게 하나 있대요. 반평생을 그 녀석과 함께 살았어요.

이젠 친구 같은 거지요. 나는 나이가 들어서 점점 힘이 빠져가는데 이놈은 나이가 들수록 팔팔한가 봐요. 이제 독립을 하고 싶은 건지 자꾸 머리 밖으로 나가려고 하네요, 하하."

"…치료가 안 되는 건가요?"

"친구는 치료하는 게 아니지요. 관리하는 거지. 괜찮아요, 괜찮아. 대한민국에서 제일 좋은 병원에서 제일 좋은 의사에게 관리받고 있으니까. 좋아질 거예요.

우리 우울한 이야기로 시간 낭비하지 맙시다. 내 몸은 내가 알아서 챙길 테니. 내가 가장 싫어하는 것 중 하나가 해결할 수 없는 이야기로 시간을 낭비하는 거예요. 이 금 같은 시간을 왜 그렇게 날려요. 그간 있었던 이야기나 들려줘요. 인우 씨 이야기 들으면 생기가 돌고 힘이 나요."

애써 말을 끊는 인선에게 인우는 더 이상 몰아붙이듯 이야기할 수 없었다. 처음으로 늘 만났던 호텔이 아니라 병원에서 마주한 인선은 인우를 여러 가지로 혼란스럽게 만들었지만, 인우는 걱정을 입 밖에 낼 수 없었다. 그가 원하지 않는다는 것을 너무나 잘 알고 있어서다.

"긴말 안 할게요. 꼭 쾌차하셔서 다음에는 우리가 늘 갔던 호텔에서 다시 만나요. 비싼 커피를 늘 얻어먹기만 했는데 제가 사드릴 기회를 주세요."

"과연 그렇게 될까요? 아마 다음에 만날 때는 거기보다 더 좋은 장소에서 만날 것 같기도 한데…. 아무튼 다음에는 이런 우중충한 병원은 아니도록 노력해 볼게요. 자, 그래서 어떠한 일이 있었지요?"

아리송한 인선의 말에 고개를 갸우뚱하면서도, 인우는 복잡한 생각을 접고 그간 있었던 일을 이야기했다. 묵묵히 이야기를 들은 인선이 입을 열었다.

"멋지게 사장의 자격을 갖췄네요. 아주 훌륭해요. 생각한 것 이상으로 잘 걸어왔네요. 특히 장소를 키우기 전에 사람을 키운 건 매우 잘한 일이에요. 그렇게 하지 않았다면 넓어진 세차장이 되레 독이 되어 돌아왔을 거예요. 그 독을 치료하는 데는 오랜 시간이 걸렸겠지요.

아마 인우 씨가 나를 중간에 찾아오면 그 독에 물려 찾아오지 않을까 생각했는데, 다행히 큰 상처 없이 잘 성장했네요."

"큰 생각이 있어서 그랬던 것은 아니었습니다. 단지 세차장이 넓어진 뒤에 저를 찾아오는 손님들이 더 이상 제게 세차를 받지 못하게 되면 섭섭하지 않을까를 생각했어요. 그러다 보니 자연스럽게 제가 하지 않더라도 저처럼 하는 사람들이 있어야겠단 생각이 들었고요. 그래서 그랬어요."

"하지만 처음에 사람을 과하게 뽑아 인건비까지 쓰면서 교육을 시키는 건 쉽지 않았을 결정이에요. 그때 인우 씨의 수익이 그렇게 여유가 있었던 것은 아닐 테니까요. 그건 인우 씨의 결정이었고, 인우 씨만의 투자였어요.

그 투자가 있었기에 아픔이 없었던 것일 테고요. 만약 그렇게 하지 않았다면 인우 씨 말처럼 기대를 안고 찾아온 고객들이 인우 씨가 아닌 다른 이가 세차한다는 이유로, 그 세차에 인우 씨가 담겨 있지 않다는 이유로 실망하며 돌아갔을 거예요.

그렇게 발을 돌린 고객을 다시 찾아오게 만드는 것엔

엄청난 시간과 노력이 들어요. 새로운 손님을 오게 만드는 것보다 몇 곱절의 노력이 필요하지요. 소비자는 한번 생긴 불만을 쉽게 잊지 않으니까요."

"금이 세공되는 동안에 깎여나가는 것을 견뎌야 한다는 선생님의 말씀 덕분입니다."

"그리 말해주니 좋네요. 하여튼 덕분에 인우 씨는 업장을 품은 사장이 될 수 있었어요. 업장에 갇힌 사장이 아니라."

"업장을 품은 사장이요?"

"네, 업장을 품은 사장이요. 장사를 하는 대부분의 사장은 장사를 남의 손에 맡겨요. 서빙은 알바에게, 요리는 주방장에게, 배달은 업체에 맡겨버리지요.

물론 관리자의 입장에서 역할을 다른 사람에게 주는 거야 당연하지만 문제는 그 다른 사람의 손길 하나하나가 자기 업장의 모습인 걸 모른다는 거예요.

모르다 보니 다른 사람의 손길에 자기 손길을 묻히려 노력하지 않지요. 아무리 열정이 있어도 고객이 상대하는 건 열정 없는 아르바이트생일 수 있다는 거예요.

아무리 진심이라도 맛으로 느끼는 건 결국 주방장의

요리라는 거지요. 그리고 그걸로 고객은 업장을 판단하고요. 결국 사장의 생각과 진심이 업장에 전부 전달되지 못하는 장사가 대부분이에요. 업장에 사장이 먹혀버린 거지요. 갇혀버린 거고요.

반면 아주 소수의 사장은 비록 본인이 하지 않는 역할이라 하더라도 그 역할 하나하나에 자기가 생각하는 장사의 방향을 모두 묻히려 노력해요. 시간과 정성, 비용이 든다고 하더라도요.

시간을 내서 직원 교육을 지속하거나, 음식 하나하나의 맛과 모양을 보며 자신이 의도한 대로 나오기까지 끊임없이 주방장을 채근하는 사장들이 이에 속해요.

그런 사람의 가게에는 비록 그 사람의 손은 아니지만 손님이 경험하는 모든 것에 사장의 생각과 진심이 묻어 있어요. 업장 전체에 사장의 의지가 퍼져 있는 것이지요. 사장이 업장을 품는 경우예요.

업장보다 사장이 더 높은 곳에 있는 경우지요. 그리고 오직 그런 경우에서만, 진짜 사장님 소리를 들을 자격이 있다고 생각해요. 인우 씨가 한 일은 그런 일이에요.

이유는 단순해요. 인우 씨의 말처럼 말이지요. 고객이

결국 그런 곳을 원하기 때문이에요. 장사에 성공하는 방법? 사실 굉장히 단순해요. 고객이 원하는 걸 해주면 장사는 성공해요.

문제는 고객이 원하는 게 뭔지도 모르는 사람이 대부분이라는 것, 더 큰 문제는 고객이 원하는 게 뭔지는 알지만 그걸 해주지 않으려는 사장들의 마음가짐이지요."

"그렇군요. 업장을 품은 사장이라는 단어에 울림이 있네요. 앞으로 더욱 제 세차장을 품을 수 있는 사람이 되어야겠어요."

"하던 대로 하면 이미 더할 나위 없어요. 그리고 이것만큼 훌륭한 것은 인우 씨가 브랜딩의 정수를 깨우치고 스스로 가장 높은 단계로 나아갔다는 거예요."

"운이 좋아 채널이 성장한 거예요. 제가 한 일은 크게 없습니다."

"채널의 구독자 수가 많아서가 아니에요. 시장이 인우 씨를 불러주는 이름이 생겼다는 게 핵심이에요. 그건 결코 요행이나 운으로 되는 게 아니거든요.

이 넓디넓은 시장이 한 사람을 기억하고 그 사람의 이름을 정해준다는 건 상상하지 못할 만큼 많은 시간과 고민이 담겨 있어야 가능한 일이에요.

한 일이 크게 없다는 건 지나친 겸손함이에요. 나는 인우 씨의 겸손함을 좋아하지만 지나칠 필요는 없어요. 언제나 지나친 무언가는 역효과를 낳으니까요.

물어보지요. 세차장 한쪽 구석에 우스꽝스러운 그 차는 어떤 생각으로 만든 거지요?"

"선생님의 말씀이 떠올라서였습니다. 고객을 더욱 사랑하고 싶었고, 그러다 보니 자연스럽게 제가 줄 수 있는 사랑이 이게 아닐까 생각을 했습니다."

"그 지점이 시작이었어요. 나는 단순히 고객을 사랑하라고 이야기를 했어요. 그걸 해석하는 방식은 수십 가지가 있었을 거예요.

단골 고객에게 가격을 깎아주는 방법이 있었을 거고, 오는 손님들에게 하다못해 비타민 음료를 주는 것도 있었을 거예요. 하지만 인우 씨는 그런 부가적인 것이 아닌 본질에 집중했어요. 바로 세차지요.

결국 세차에 대해 다양한 궁금증을 해결해 주는 것을 넘어, 궁금해할 만한 것들을 찾아서 알려주는 단계까지 갔지요. 그 모든 것이 사랑이었어요. 고객에 대한 사랑 말이지요.

어떤 사람이 그런 사랑을 받는데 채널을 구독하지 않을 수 있겠어요. 인우 씨의 채널이 급속도로 커진 건 요행이 아니에요. 고객을 위해 아낌없이 베풀었던 인우 씨의 결과지요."

지나온 자기 삶에 문득 감동하는 인우였다.

"세상엔 세 가지 사람이 있어요. 주기만 하는 사람, 받기만 하는 사람, 받은 만큼만 주려는 사람. 성공하는 사람들의 공통점은 그들의 성향이 '주기만 하는 사람'이라는 거예요.

그게 천성이든 훈련에 의한 결과든 중요하지 않아요. 주기만 한다는 것은, 결국 사람들에게 끊임없이 빚을 지운다는 뜻이에요. 빚을 진 사람은 어떻게든 돌려주려고 노력하지요.

인우 씨의 경우 채널을 홍보한다든가 지인에게 세차장을 소개시켜 준다든가 하는 거지요. 알게 모르게 이뤄지는 그런 노력들이 주기만 했던 사람을 어느새 성공의 길로 이끌어요.

성공이란 건 생각보다 많은 사람의 손길이 필요한 일이거든요. 인우 씨가 주기만 하는 사이에, 어느새 늘어난 거예요. 인우 씨의 우군이."

"찾아오는 손님들과 늘어나는 구독자들을 보며 받는 것이 많다고 생각했는데, 그렇게 말씀해 주시니 제 노력이 다른 의미로 인정받는 것 같아 참 감사하네요."

"인우 씨의 주기만 하는 사랑은 여기서 멈추지 않았어요. 인우 씨는 세차라는 선물을 어떻게 더 멋지게 포장할 수 있을지 끊임없이 고민했지요. 그 결과 세차에서 차량 관리, 점검 그리고 튜닝 정보까지 인우 씨가 줄 수 있는 선물을 키웠어요.

특히나 진단기를 통해서 차량 점검과 수리까지 연결하는 생각엔 나도 감탄했어요. 이미 그건 장사가 아니라 사업이거든요. 그렇게 다양하게 무언가를 주려고 했고 뿌리는 언제나 '세차라는 이름의 차량 관리'였지요.

그 결과 어떻게 되었나요? 세상은 인우 씨를 카레이터라 불렀어요. 단순히 세차만 잘하는 사람에게 그런 이름은 허락되지 않아요. 인우 씨가 주기만 했던 선물에 세상이 답한 거예요.

당신은 세차하는 사람도, 세차장 주인도, 정비소 사장도, 튜닝 업체 사장도 아니다. 당신은 하나의 차량을 처음부터 끝까지 아름답게 관리해 주고 그 과정을 작품으로 만드는 큐레이터다, 라고요. 그렇게 인우 씨의 브랜딩이 완성된 거예요."

"사실 그 이름이 부담스럽기도 해요. 어느 순간 사람들이 그렇게 부르더니, 신문사 인터뷰부터 각종 유튜브 채널 출연에 방송까지, 갑자기 제 이름이 세상에 알려지고 저를 찾는 사람들이 늘더라고요. 제가 지난 3년간 했던 유튜브 기간보다 훨씬 짧은 기간에 세 배가 넘는 구독자가 생겨나고…. 솔직히 그때는 조금 무서웠어요. 지나치게 포장되는 것 같은 이 모습을 감당할 수 있을까 하는 생각도 들었고요."

"하하, 그래서였나요? 많은 시간을 세차장에서 보낸 이유가?"

"맞아요. 그렇게라도 하지 않으면 어느 순간 거짓말쟁이가 될 것 같았어요. 세차하는 사람이 세차를 하지 않고 밖에만 눈이 팔려 있으면 사람들이 뭐라고 할지 걱정되기도 했고요. 제가 하는 건 고작 세차일 뿐인데, 세상은 나를 너무 높게 보는 것 같아요."

"인우 씨가 스스로를 낮게 보는 건 아니고요?"

"네?"

"고작 세차라는 말이 참 재미있어서요. 맞아요. 인우 씨의 본질은 세차에서 출발하지요. 그리고 대부분의 사람에게 세차라는 일은 사실 주목받지 못할 만한 일이기도 하고요. 직업에 귀천이 없다지만, 그래도 사람들의 머릿속에 이미지란 건 있으니까요.

하지만 오히려 그렇기에 세상이 더 주목하는 것은 아닐까요? 기대를 받지 못하는 분야에서 기대하지 못했던 가치를 인우 씨가 만들어내고 있으니까요.

사람들은 이렇게 생각하겠지요. '흔하디흔하고, 누구나 할 수 있는 세차일 뿐인데, 거기서도 이 사람은 진심이구나. 그렇게 진심으로 하다 보니 세차를 통해 이 사람은 인생에서 무언가를 이뤄냈구나. 그 이룬 무언가는 내 삶에도 귀감이 되고 자극이 되는 어떤 것이구나. 그래서 이 사람은 참 대단한 사람이구나'라고 말이지요.

인우 씨, 세상은 세차를 하는 인우 씨를 높이 보는 게 아니에요. 세차를 함에도 이렇게까지 자기 본질을 발전시킨 인우 씨를 높이 보는 거지요.

세상에 '고작'이란 일은 없어요. 어떠한 일이든 시간과 정성을 담으면 거기에서 자기만의 본질을 발견할 수 있어요. 많은 사람이 이 사실을 간과해요. 자기가 하는 일을 인우 씨처럼 평범하고 때론 하찮다 생각하지요. 그저 직장인일 뿐이고, 그저 장사꾼일 뿐이라고요.

그리고 반문하지요. 직장인인 내가 어떻게 특별해질 수 있냐고, 장사하느라 바쁜데 무슨 브랜딩이냐고, 특별함이란 의사나 판사, 교수나 연예인처럼 사회적으로 성공한 아주 소수만 가질 수 있는 것 아니냐고요.

전혀 그렇지 않아요. 인우 씨가 그걸 증명해 냈잖아요. 분명 인우 씨는 누군가에게 '어쩌면 나도'일 거예요.

'저 사람이 저렇게 하는데 나도 내가 하는 일에서 그런 의미를 발견할 수 있지 않을까? 나도 어쩌면 나만의 특별함을 내가 하는 이 일에서 찾을 수 있지 않을까?'라고 생각하게 만드는 사람이요.

누군가는 인우 씨를 통해 슈퍼 직장인, 슈퍼 영업사원, 슈퍼 장사꾼을 꿈꿀지 몰라요. 사람들이 인우 씨의 이야기에 주목하는 이유는 그거예요.

인우 씨를 통해서 자신의 삶도 바뀔지 모른다는 희망을 품는 거지요. 자신의 삶도 바뀔 수 있다는 자신감을 가지는 거고요. 가치가 있어요. 인우 씨의 시간과 정성이 쓰인 지난 시간이 있었기 때문에, 좀 더 자랑스러워해도 괜찮아요."

"어쩌면 저보다 제가 하는 일의 가치를 선생님이 더욱 잘 아시는 것 같네요. 저도 모르게 고작이라고 생각했던 내 일이 선생님의 말을 들으니 고작이 아니네요. 나를 여기까지 이끌어준 소중한 보물 같은 일이었군요."

"인우 씨의 일이 그러하고, 인우 씨의 시간이 그러할 거예요. 그 증거가 인우 씨 브랜드의 폭발적 성장이에요. 인우 씨의 채널과 브랜딩이 폭발한 건 한순간이었지만, 그 순간을 만든 시간은 결코 짧지 않았을 거예요. 가치로 왔던 건 당연하고요.

당당해도 좋아요. 그리고 세차장에 늘 머물러 있었던 것 역시 매우 훌륭한 생각이었어요. 유명세는 늘 질투를 동반하거든요. 누군가는 유명해진 사람을 깎아내리는 데 온 힘을 다하느라 삶을 낭비해요.

그들은 호시탐탐 노리지요. 저 단단해 보이는 브랜딩

의 성을 무너뜨릴 바늘구멍을요. 인우 씨가 세차장에 오래 머물수록 그런 이들이 공격할 거리는 사라져요. 동시에 인우 씨가 세차장에 머물러 있는 시간만큼 인우 씨에게 이름을 부여한 사람들의 신뢰는 커지지요.

아, 이 사람은 아무리 유명해져도 자기가 무엇을 하는 사람인지 늘 생각하고 있구나 하고요. 아무리 커다란 나무라도 그 나무의 본질은 결국 뿌리예요.

뿌리를 지키지 못한 나무는 결국 썩어 없어지지요. 인우 씨는 그 뿌리를 잘 지킨 거예요. 그래서 여기까지 왔고, 앞으로 더 높은 곳까지 갈 수 있어요.

시장을 무서워한다는 건 아주 좋은 거예요. 이제 인우 씨는 늘 그 두려움을 가슴 한편에 두고 살아야 해요. 아무리 대단한 사람이라 하더라도, 아무리 훌륭한 사업가라 하더라도, 시장 위에 있을 순 없어요. 늘 시장 아래에 살아가지요.

그렇게 때문에 시장이 무서운 걸 아는 만큼 책임감도 생겨요. 그 책임감이 자기가 앞으로 무엇을 더 해야 하는지를 자연스럽게 알려주는 거고요."

"선생님도 그러셨나요?"

"최근까지 그랬지요. 실질적으로 수익을 내는 모든 활동을 스스로 멈추기 직전까지, 그러니까 제가 은퇴하기 직전까진 그랬어요.

지금이야 신경 쓰지 않지요. 더 이상 시장으로부터 얻는 게 없으니까, 얻기를 포기했으니까. 원해서 한 은퇴는 아니었지만, 하하."

"…저는 한동안 계속 무서워해야겠군요."

"하하, 좋은 두려움이에요. 마음껏 즐기세요. 그리고 언제나 '세차를 하는 사람'으로 남으세요. 세차에 대한 상징이 되란 말이에요. 그 상징을 놓는 순간 공든 탑이 무너진다는 것을 명심하세요.

늘 자기의 뿌리를 생각하고. 자기 뿌리를 자랑스럽게 생각하며, 그렇기에 자기 뿌리를 더욱 가꾸는 것. 인우 씨의 브랜딩에 필요한 것은 이제 이 하나예요."

"알겠어요. 세상의 유명세에는 벌벌 떨지만, 그래도 세차를 사랑하는 세차쟁이로 남기 위해 노력할게요."

"자, 어제까지의 이야기는 이제 충분한 것 같고, 이제 중요한 지점 앞에 인우 씨는 서 있어요. 이제 무엇을 하고 싶지요?"

"사실, 오늘 선생님을 만나러 오면서 저 자신에게 많은 질문을 던져봤습니다. 그중 가장 큰 질문은 '만족할 만한 모든 것을 이룬 내가, 여기서 더 하고 싶은 것들이 남았을까?'였습니다.

본업은 충분히 잘되고 있습니다. 제가 가진 채널 역시 분에 넘칠 만큼 잘되고요. 처음 선생님을 만날 때 제가 가진 시간의 값은 한 달에 수백만 원 정도였어요. 지금의 제 시간은 한 달에 1억 원 정도의 가치가 있습니다. 그런데도 더 하고 싶은 것이 남았을까 하는 질문을 끊임없이 던져봤습니다.

그런데 이상하게도, 이런 질문과 대답을 스스로 하는 사이에 가슴속 어딘가에는 알 수 없는 부정이 차올랐습니다. 스스로 만족이라는 단어를 속으로 내뱉을 때마다 가슴 한편이 제게 외치는 걸 느꼈습니다.

거짓말하지 말라고, 돈에 만족이란 게 있을 리 없다고요. 말도 안 되는 생각이지요. 지금 제가 벌고 있는 돈은, 제가 아무리 마음껏 쓰더라도 비워지지 않고 오히려 채워질 정도로 많은 돈이니까요. 그럼에도 제 마음 깊은 곳 어딘가는 끊임없이 더욱더를 외치고 있었습니다.

"욕심이 많지 않다고 생각했는데, 아마 제가 저를 몰랐나 봐요. 애초에 저는 만족하지 못하고 있었습니다. 정확히는 만족할 수 없는 상태에 이르렀습니다. 저는 이다음을 보고 싶습니다. 돈을 더 벌고 싶다는 욕심에서인지, 지금보다 더 발전하고 싶다는 욕심에서인지는 잘 모르겠습니다. 다만 저는 지금보다 더 앞을 보고 싶고, 그곳으로 가고 싶어요."

"역시나 인우 씨는 시간 효용 가치의 최대 지점에 이르렀군요."

"최대 지점이요?"

"한 개인이 자기의 시간 가치를 최대로 끌어올렸을 때 이르는 지점에 인우 씨가 서 있다는 뜻이에요. 창업가나 위대한 투자자 또는 톱스타, 운동선수 등 아주 소수의 사람을 제외하고, 평범한 대부분의 사람이 자신의 특별함을 개발하고 자기의 브랜딩을 통해 자기 가치를 극도로 끌어올리면, 한 사람이 벌 수 있는 최대 금액은 한 달에 1억 원 남짓이에요.

법정 노동 시간으로 환산해서 시급으로 따지면 50만

원쯤 될 거예요. 이 지점은 자기만의 힘으로 돈을 벌겠다는 평범한 사람의 마지막 지점이에요. 인우 씨는 지금 그 지점에 있는 거예요."

"제가 이를 수 있는 마지막 지점…."

"물론 그 지점에 다다르는 사람도 소수일 거예요. 누구나 이를 수 있는 지점이지만, 그렇다고 아무나 이를 수 있는 지점은 아니라는 말이에요. 거기에 이르면, 사람들은 선택을 하게 됩니다.

지나온 삶에 보상을 받을지, 아니면 다시 첫걸음을 뗄지 말이지요. 만약 첫걸음을 뗀다면 그때 그 길의 아주 마지막쯤에 내 모습이 보이게 되지요.

인우 씨는 여기서 고개를 돌려 안정과 행복을 찾기보다 다시 고개를 돌려 저의 길을 쳐다봤어요. 스스로에게 자문했고 그 결과 본인은 아직도 더 나아갈 욕심이 있음을 확인했어요.

그렇다면 이제부터는 지금과 전혀 다른 길을 인우 씨는 걸어야 해요. 이제부터 걷는 길은 나 인선이 걷는 길이지요. 그 길이 어떤 길인지, 어떻게 걸어야 하는지가 아마 내가 알려줄 수 있는 마지막 근접전일 거예요. 어때요, 들어볼래요?"

"네, 듣고 싶습니다."

"알려드리지요. 인우 씨에게 주는 가장 비싼 공부일 테
니 잘 새겨들어야 할 거예요. 내가 걷는 이 길의 이름은
'시스템'이에요."

26

"아, 딱지 끊기겠네…."

인우답지 않은 실수였다. 정신없이 밟다 보니 생긴 일
이었다. 아니, 정신이 너무 많아 생긴 일이었을지도 모르
겠다.

인선과의 만남을 뒤로하고 돌아오는 인우의 심경은 복
잡했다. 너무 많은 것을 알아버린 복잡함과, 너무 많은 것
을 새로 시작해야 한다는 두려움이 합쳐진 심경.

머릿속을 정리하기 위해 인우는 잠시 휴게소에 들렀다.
휴게소 카페에 앉아 노트를 펼치고 오늘 알게 된 내용을
정리해 나갔다.

- 부를 배우다

1. 부는 근접전이다
2. 1000만 원을 벌어야 한다. 어떻게?
3. 시간이란 곧 돈으로 교환할 수 있는 금이다
4. 금은 세공할수록 그 값이 올라간다
5. 금을 세공해서 만드는 반지의 이름은 특별함이다
6. 그 반지를 만들기 위해서는 깎여나가는 시간을 견뎌야 한다
7. 이 반지는 결대 반지다. 어떻게 사용하느냐에 따라 가치가 달라진다
8. 혼자 성장하는 사람은 없다. 사람은 사람으로부터 배워나간다
9. 00년 00월 00일. 나는 비로소 1000만 원을 벌게 되었다.
10. 나 자신도 고민하지 않는 내 시간의 값은, 그 누구도 매겨주지 않는다
11. 경험해야만 깨닫게 되는 것들이 있다. 근접전이다. 선생님이 옳았다
12. 시선이 달라지면, 보는 것도 달라진다. 다른 것을 볼 수 있어야 다른 시선도 가질 수 있다
13. 한 우물을 파는 노력이 아니라, 한 우물을 알아보는 노력!
14. 브랜딩의 하나, 사람들이 원하는 것을 보여준다

노트를 적어 내려가다 인우는 다시 머리가 복잡해졌다. 시스템이란 녀석이 다시 인우의 머릿속을 괴롭힌 것이다. 생각을 다시 한번 다듬기 위해 인우는 몇 시간 전 인선과의 대화를 복기했다.

"시스템이요?"

"네, 처음 인우 씨에게 권투 글러브 한 쌍을 건네며 내가 건넨 이야기 기억하지요? 부는 근접전이라고 했어요. 인우 씨가 지금까지 걸어온 길 하나하나는 모두 근접전이었어요. 그 과정을 간단하게 정리하면 다음과 같아요.

근접전의 첫 번째는 시간이 곧 금이라는 것을 깨닫는 것, 두 번째는 시간을 세공해 시장과 교환할 수 있는 자기만의 가치를 만드는 것, 세 번째는 그 가치를 통해 월 1000만 원의 수익을 달성하는 것, 네 번째는 시간을 온전히 자신의 것으로 만드는 것, 다섯 번째는 자신의 시간을 브랜딩해 가치를 극대화하는 것, 여섯 번째는 시간의 최고 효용 지점에 이르는 것. 그리고 일곱 번째는, 자기가 아닌 남의 시간을 돈으로 바꾸는 것. 이 일곱 번째의 핵심이 바로 시스템이에요."

"언뜻 이해가 되질 않네요. 남의 시간을 돈으로 바꾼다고요?"

"맞아요. 이제 인우 씨는 남의 시간을 가져와야 해요. 어찌 보면 당연한 일이지요. 자기 시간으로 벌 수 있는 최고 수준의 돈을 벌었는데 더욱 많은 돈을 벌고 싶다? 돈이란 결국 시간의 교환이니까 자기 시간을 다 썼다면 남의 시간을 빌려와야지요.

남의 시간을 이용해 그 시간을 돈으로 바꾸는 구조를 설계하는 것, 그것이 시스템이에요. 내 경우를 예로 들어 보지요. 처음 내가 돈을 번 것은 투자를 통해서였어요.

10년간 돈을 잃으면서 나는 나만의 방식으로 투자 기법을 개발했지요. 그 후 투자 교육 회사를 만들었어요. 회원들에게 투자 관련 교육을 하며 돈을 벌었지요. 그리고 그 교육 내용을 그대로 온라인으로 옮겨 교육 플랫폼을 만들었어요.

지금은 내가 교육을 직접 하지 않아도 인터넷을 통해 교육이 이뤄지고 있어요. 이 외에도 나는 음식점 체인점 몇 개를 가지고 있어요. 정확히는 내가 지분을 투자한 음식점들이지요. 그 음식점들도 잘되고 있어서 계속 확장

중이에요.

부동산 역시 마찬가지예요. 나는 부동산에 적합한 투자 기법을 이용해서 큰 리스크 없이 안정적인 수익을 내는 투자 모델을 만들었어요. 그것 역시 지금 이 순간에도 돌아가고 있고요.

덕분에 인우 씨와 대화하고 있는 이 순간에도 끊임없이 돈이 들어오고 있어요. 이것들이 내가 만든 시스템이에요. 여기에 내 노동력은 거의 들어가지 않아요. 투자 플랫폼은 회사 직원들과 전략 팀이 거의 알아서 운영하고 부동산 역시 부동산 운영 팀이 정해진 공식에 맞춰 사고 팔고 교육하고를 반복하지요.

음식점은 음식점 체인을 맡고 있는 대표님이 알아서 잘 운영하시고, 결국 나는 남의 시간을 빌려와서 내 돈으로 교환하고 있어요. 어때요, 이해가 되나요?"

"네…. 시스템이 어떠한 것인지는 대략 알겠습니다…."

"인우 씨가 대답을 망설이는 이유도 알고 있어요. 내가 하고 있는 이 일을 본인이 어떻게 자기 것으로 적용할 수 있을지 확신이 없는 거지요?"

"선생님에게는 숨길 수 있는 것이 없네요. 맞아요. 선생님이 하신 것을 과연 제가 할 자격이 있을까 하는 걱정이 들어요."

"처음 내가 교육 사업을 할 때 나는 지금의 인우 씨와 같았어요. 인우 씨가 자신만의 세차장을 운영하듯, 나는 나만의 교육 사업장을 운영했지요.

하지만 플랫폼으로 규모를 키울 때, 다시 말해 나만의 시스템을 구축할 때, 나는 더 이상 그 일에 관여하기를 그만뒀어요. 대신 플랫폼 운영 경험이 있고 성공 경험이 있는 훌륭한 대표님과 동업을 했지요.

지금도 실질적인 운영과 관리는 그 대표님이 다 맡아서 하고 계세요. 그럼에도 나는 수익의 50퍼센트 이상을 가져가고요. 왜 그 대표님이 나와 같이 이 일을 시작했다고 생각해요?

바로 교육 콘텐츠의 핵심이 내게 있어서예요. 그리고 내가 그만큼 유명하기 때문이기도 하고요. 부동산도 마찬가지예요. 내가 가진 부동산 사업 팀의 실질적인 운영은 부동산 분야를 오랫동안 해온 직원분이 하고 계세요.

그분은 왜 저랑 일할까요? 저랑 같이 일함으로써 얻는 가치가 그렇지 않을 때보다 크기 때문이에요. 그분 역시 내가 필요한 거지요. 정확히는 내 능력과 이름이 필요한 거예요. 외식업은 논외로 하지요. 그건 순전히 내가 하고 싶어서 시작한 일이고 내가 자본을 투여했기 때문에 가능한 것이니까.

아무튼, 내가 남의 시간을 가지고 올 수 있었던 이유는 그 시간을 내게 준 사람들의 입장에서 나란 사람의 가치가 필요했기 때문이에요.

지금 인우 씨를 보세요, 대한민국에서 세차라면 가장 유명한 사람이 바로 인우 씨예요. 그런 사람을 필요로 하는 데가 없을까요?"

"요는, 저를 필요로 하는 사람이 생길 만큼 이미 저는 충분히 성장했으니, 이젠 그 사람들을 활용해서 그 사람들이 제게 돈을 벌어주는 구조를 만들라는 말씀이시군요?"

"맞아요. 그게 내가 하는 일이고, 내가 돈을 버는 방법이고, 부의 마지막 지점이에요. 그리고 브랜딩의 비밀이 하나 밝혀지게 되지요.

사람들이 나와 같이 일을 하려는 이유, 기꺼이 자신의 시간을 내게 제공하려는 이유, 바로 나의 브랜딩 때문이에요. 인우 씨를 처음 만난 날, 무료 강연을 하는 날이었어요. 무료 강연을 본 사람들은 하나같이 말하지요.

무료로 이 좋은 강연을 제공하는 걸 보니 인선이란 사람은 엄청난 재능 기부자라고요. 헛소리예요. 저는 단 한 번도 재능 기부를 한 일이 없어요. 제가 그 일을 한 이유는, 그걸 함으로써 나의 브랜딩이 더 커지기 때문이에요. 그 브랜딩은 내 시스템을 더욱 강하게 만들기 때문이에요. 그 유명한 박인선이 하는 교육 플랫폼, 그 잘난 박인선의 투자 기법이 녹아 있는 부동산 투자 사업체, 하다못해 박인선이 믿고 투자하는 프랜차이즈 음식점까지! 이 모든 것이 이어져요.

결국 브랜딩의 숨겨진 힘은 남의 시간을 이용하게 만들어주는 연결 고리지요. 브랜딩의 마지막 선물은 이것이에요. 자신이 돈을 버는 구조에서, 자신을 통해 돈을 버는 구조로 개념을 확장시켜 줍니다.

인우 씨는 이미 이 모든 것을 갖췄어요. 이제 어떻게 하면 이 조각들을 이용해 자신만의 시스템을 만들 것인가, 이것만 고민하면 돼요."

"이 한마디를 듣기 위해 저는 지난 8년을 달려온 것이군요."

"하하하. 6년 전인가, 말했지요. 인우 씨가 쌓는 그 작은 브랜딩이 놀랄 만큼 큰 경험의 확장을 만들 것이라고. 그때 인우 씨는 코웃음을 쳤는데, 어때요? 이제 감이 오세요? 인우 씨가 만든 브랜딩의 놀라운 힘을?"

"그런 일이 있었지요. 저도 까맣게 잊고 있었던 일을 여전히 기억하시네요. 이제야 알겠습니다. 왜 부가 근접 전이고, 왜 제가 그 길 하나하나를 걸어와야 했는지, 그리고 그것이 이제 제게 어떤 의미가 있는지도요. 물론 그렇다고 제가 시스템을 어떻게 만들 것인가를 완전히 이해하고 계획했다는 것은 아니지만요."

"이제 많은 것이 다시 한번 바뀔 거예요. 많은 것을 새로 배워야 하고, 동시에 많은 것을 내려놓아야 하겠지요. 지금 제 말이 이해가 안 될 수도 있어요. 하지만 이 두 가지를 명심하세요. 인우 씨는 결국 세차쟁이여야 해요. 그리고 많은 것을 오히려 하지 않아야 해요."

"세차쟁이이자, 많은 것을 하지 않는 사람이라… 외람되지만, 말씀을 듣다 보니 무슨 말인지 조금은 알 것 같습니다. 제가 알고 있는 생각이 맞는지 아닌지는 몸으로 부딪치면서 배워볼게요."

"좋아요, 돌아가서 이제부터 어떻게 세차를 통해 만들어온 인우 씨의 지금을 내일을 위한 시스템으로 바꿀 수 있는지를 고민해 보세요."

"다음에는 꼭 호텔 카페에서 봬요. 환자복이랑 선생님은 어울리지 않아요."

"노력해 볼게요. 노력한다고 가능한지는 모르겠지만."

빠짐없이 대화를 모두 복기해 본 인우는 고민했다. 자신만의 시스템을 어떻게 만들 수 있을지를 말이다. 지난 8년의 세월은 결코 헛되지 않았다. 복잡할 것 같았던 질문에 대한 해답이 지난 8년의 경험으로 조금씩 선명해진 것이다. 인우의 마지막 발걸음이 그렇게 시작되고 있었다.

27

"이제 사장님이 아니라 회장님 아니야?"

"이제 고작 세 개야. 내 것도 아니고. 회장은 무슨, 아직 멀었어."

"적어도 회장 소리 들을 생각은 있다는 거네?"

"…그렇게 되지 않을 거라면 시작도 안 했겠지."

오늘은 인우의 새로운 세차장이 오픈하는 날이다. 이로 써 세상에는 카마카세라는 이름의 세차장이 세 곳으로 늘어나게 되었다.

부부들이 하는 흔한 꿍냥거림에 인우의 설렘도 묻어났다. 자신의 세차장이 늘어나서가 아니었다. 시스템이란 녀석이 조금씩 손에 들어오고 있다는 확신 때문이었다.

인우는 고심 끝에 시스템의 시작을 카마카세의 체인점 확장으로 정했다. 체인 확장을 생각한 데는 여러 이유가 있는데 우선 잠재적 시장이 확실하다는 판단에서였다.

세차장에 몰려드는 고객은 여전히 많았고, 줄을 서는 고객들 이상으로 세차장을 방문하지 못하는 숨은 고객들도 많이 있다는 판단 때문이었다. 서울을 제외한 타 지역에도 인우의 구독자나 고객이 많을 텐데 그들이 가깝게는 수십 킬로미터, 멀게는 수백 킬로미터 떨어진 인우의 세차장을 방문하는 일은 쉽지 않았기 때문이다.

그런 수요를 믿는다면 분점 역시 분명 가능성이 있다고 판단했다. 또한 세차장의 운영과 세차에 자신감이 있는 인우는 세차장의 분점은 자신이 컨트롤할 수 있는 일이라고 판단했다.

무작정 자신이 모르는 분야로 시스템을 구축하는 것은 리스크가 있다는 판단 때문이었는데, 이 판단은 훗날 시스템의 안정적인 확장에 큰 도움이 된다.

분점의 모든 것을 인우가 책임질 생각은 하지 않았다. 인선의 말을 들으면서 생각한 것은 시스템을 만들기 위해서는 남의 시간이 반드시 필요하다는 것이었다.

세차장에서, 운영에서 남의 시간이란 결국 주인 의식을 가진 다른 누군가의 시간이었다. 인우는 먼저 이 시간을 사야 한다고 판단했고, 이를 위해서는 분점의 주인이 자신이 되어서는 안 된다고 생각했다.

인우에게는 오랜 시간 합을 맞추며 카마카세식 세차를 갈고닦은 열한 명의 직원들이 있었다. 직원 모두를 모은 자리에서 인우가 말했다.

"앞으로 카마카세는 대한민국의 모든 고객에게 다가가

기 위해 세를 확장할 거예요. 지역별로 수요가 확실하다고 판단되는 곳에 분점을 내겠다는 의미예요.

각 분점은 주인 의식을 가진 대표님이 담당하게 될 것이고 분점을 내는 초기 비용은 70 대 30으로 부담할 거예요. 물론 제가 70을 냅니다.

분점의 수익 배분에 대해서는 개별적으로 따로 정할 거예요. 분점이라 하더라도 저는 우리의 모든 세차장에 우리가 지금까지 만든 세차의 진심이 동일하게 퍼져나가길 바랍니다.

그러기 위해서는 무엇보다 우리의 문화와 가치를 이해하는 사람이 대표가 되어야 해요. 그걸 가장 잘 이해하는 사람들은 바로 여러분이고요.

새 사업장을 차리는 데 필요한 부분은 전적으로 제가 지원해 드릴 겁니다. 각자 생각해 보시고 저와 함께 이 일을 하고자 하는 분이 계시면 언제든지 찾아와 상담을 요청하세요."

이후 인우는 실망과 동시에 한 가지 사실을 깨닫게 되었다. 사실 처음 인우는 자기가 이런 이야기를 전달하면 대부분의 직원이 분점을 내길 희망할 것이라 생각했다. 인우가 보기에 전혀 손해 볼 것이 없는 조건이었기 때문이다.

하지만 분점에 대한 의지를 가지고 인우를 찾아온 사람은 고작 네 명뿐이었다. 나머지 일곱 명에게 자신이 사장이 된다는 것은 '먼 이야기'였고 감당하기 힘든 '큰 일'이었던 것이다.

무엇보다 그들에게는 욕심이 없었다. 이미 인우의 세차장에서 몰려드는 손님을 상대하며 그들이 가져가는 수익은 대기업 과장급의 연봉을 넘기고 있었다.

인우의 브랜딩 안에서 안정적으로 손님을 받아가며 기대 이상의 수익을 내고 있는 그들은 현재 자기 삶의 균형을 무너뜨리고 싶어 하지 않았다.

모두가 더 높은 것을 원하는 건 아니었다. 인우는 그들에게서 한때 월 1000만 원을 넘기고 잠시 만족의 시기를 보냈던 어린 날의 자신을 봤다.

다른 것이 있다면 그들의 현재 수익은 인우의 브랜딩으로 만든 것이고, 어린 날의 인우는 스스로가 만들었다는 것이다.

주어진 수익과 스스로 만든 수익의 차이였던 것이다. 그 차이는 작아 보였지만 결과는 결정적이었다. 한 걸음 한 걸음 자신의 생각과 걸음으로 내딛지 않는 사람은 결코 다음 걸음을 스스로 만들 수 없었던 것이다.

근접전이었다. 인선이 이번에도 옳았다.

인우는 특별하지 않은 자신이 걸어온 이 길은 모든 사람이 걸을 수 있는 길이라 생각했다. 흔한디흔한 노력을 하면 누구나 가능한 길. 하지만 그런 노력을 할 수 있는 사람은 흔하지 않다는 것을 인우는 깨달았다.

비록 자신은 특별하지 않을지 몰라도, 자신이 묵묵히 걸어온 그 길은, 이미 특별해져 있었던 것이다. 이런 깨달음은 인우에게 자신감을 부여하게 된다.

이는 인우의 마지막 발걸음에 큰 자산이 된다. 인선이 지적했던 '과도한 겸손함'이라는 녀석을 조금씩 깨는 계기가 되었기 때문이다.

자신의 시스템을 만들려는 사람이라면 세상엔 겸손하더라도 자기 자신에게만은 겸손해선 안 되기 때문이다. 자신에게 겸손하다는 말은 결국 자신을 아직 믿지 못한다는 말과 같다.

자신을 믿지 못하는 사람은 결코 자기만의 시스템을 만들지 못한다. 그 시스템에 대한 확신도, 그 시스템을 가질 자격도 스스로를 믿지 못하는 사람에겐 주어지지 않기 때문이다.

과거에 늘 겸손했던 한 농구 선수가 법정에서 진술을 해야 하는 일이 생겼는데, 법정에서 검사가 본인은 어떤 농구 선수인가를 물어봤다. 그때 그는 스스로를 최고의 농구 선수라고 평가했다.

재판이 끝나고 난 후 사람들이 물었다. 평소에 겸손하기로 유명한 당신이 법정에선 왜 그런 대답을 했느냐고 말이다. 그가 머쓱해하면서 이렇게 대답했다고 한다.

'법정에서 진실만을 말할 것을 맹세한 이상, 거짓말을 할 순 없잖아요.'

자기의 시스템을 만들 수 있는 자신감이란 바로 이런 것이다. 인우에겐 지금까지 이 점이 부족했다. 늘 성실하게 최선을 다하지만 아직까지는 본인의 노력을 믿는 마음보다 본인의 부족함을 경계하는 마음이 더욱 컸던 것이다.

결코 나쁜 것은 아니었다. 오히려 그렇기에 이렇게 성장할 수도 있었다. 하지만 지금부터는 아니었다. 지금부터 걸어갈 길은 많은 사람의 시간을 사야 하는 일이다.

타인이 타인에게 자신의 시간을 맡긴다는 것은 생각보다 큰일이다. 그 시간을 맡으려면 흔들리지 않아야 하고, 결국 자기 자신을 향한 믿음을 갖고 있어야 한다.

자신과 함께 성장해 왔다고 믿었던 열한 명의 각기 다름을 보며 인우는 자신이 어느새 그들과 훨씬 동떨어진 어떤 곳을 걸어가고 있음을 깨달았다.

인선이 인도하는 길을 걸어간다 생각했는데, 돌아보니 어느새 인우의 길이었던 셈이다. 이런 깨달음은 그에게 확신을 주었고 그 확신으로 시작한 시스템이 어느덧 세 번째 결실을 맺는 오늘이었다.

"성공하는 사람들의 공통점은
그들의 성향이 '주기만 하는 사람'이라는 거예요.
그게 천성이든 훈련에 의한 결과든 중요하지 않아요.
주기만 한다는 것은,
결국 사람들에게 끊임없이 빚을 지운다는 뜻이에요.
빚은 진 사람은 어떻게든 돌려주려고 노력하지요."

4장

"다른 사람의 시간을
돈으로 바꾸세요"

시스템으로 가는 길목

"저는 자신이 없어요.
 열다섯 개도 허덕이면서 하고 있는데
 과연 더 이상을 할 수 있을까 하는 걱정이 먼저 들거든요."

28

"아래 다섯 곳이 여러 가지를 고려해 봤을 때 최적의 입지인 것 같습니다. 나머지는 직원분, 아니 차기 사장님과 잘 상의하셔서 결정만 해주세요. 결정 뒤에 필요한 서류 작업과 관리는 우리가 맡아서 할게요."

"고맙습니다. 장 대표님 덕분에 많은 시간을 줄이면서 좋은 대안들을 많이 가지게 되었네요."

"별말씀을요. 우리 고객이 되어주셨고, 유튜브도 재미있게 뽑아주셨는데. 우리가 고마워해야지요."

분점을 운영하길 원하는 네 명과 면담을 모두 마친 뒤로 6개월간 인우는 그들과 합숙하다시피 지내며 준비를 했다. 이 기간에 인우가 더 이상 그들에게 가르칠 세차 기술은 없었다. 어떤 면에서는 오직 세차만 했던 그들이 오히려 인우보다 더 나은 점이 있기도 했다. 대신 인우는 장사를 가르쳤다.

장사를 한다는 것의 의미, 사장의 시선, 업장을 품는다는 것 등등. 인우는 자신이 가진 모든 것을 그들에게 전달해 주기 위해 노력했다. 무엇보다 시간이 금이라는 것과 그 금을 어떻게 세공해 나가야 하는지 알려주고 경험시켜 주려 노력했다.

인선이 자신에게 그러했던 것처럼 말이다. 어느새 그들에게 인우는 인선이었다. 많은 것을 가르쳤지만 이 말만은 빼놓지 않았다.

"알려주는 것이 모든 것이 될 순 없어요. 중요한 건 부딪쳐야 한다는 거예요. 내가 알려준 많은 것을 직접 부딪치면서 경험하고, 실패하고, 성공하면서 자신의 것으로 만들어가세요. 저는 늘 이 자리에 있으니 언제나 경험하면서 대화가 필요할 때 저를 찾아오세요."

어느 날 직원 한 명이 왜 이렇게까지 열심히 자신들에게 알려주느냐는 질문에 인우는 자기도 모르게 이렇게 대답했다.

"여러분이 잘되는 것이 내가 잘되는 일이니까요. 그리고 저도 누군가에게 진 빚을 이렇게 갚는 것이지요."

순간, 인우는 예전에 인선이 자신에게 한 말과 같은 말을 하고 있음을 깨달았다. 왜 자신을 이렇게 돕냐는 말에 그저 누군가에게 받은 것을 돌려주는 거라 대답했던 인선과의 대화. 어쩌면 인선 역시 저렇게 성장하기까지 인선만의 누군가가 있지 않았을까 하는 생각을 문득 떠올린 인우였다.

홀로 성장하는 사람은 거의 없는 법이니, 사람은 사람으로 성장하는 법이니, 그리고 성공이란 생각보다 많은 사람의 도움과 노력으로 이뤄지는 법이니.

인우는 인선이 자신에게 왜 그런 말을 했는지 9년이 지나서야 비로소 완전히 알게 된 것이다. 그리고 자신이 성공할 수 있도록 도와준 수많은 사람이 있었음을 다시금 깨닫고, 어느새 자신도 인선과 같은 길을 걸어가고 있음도 확인하게 되었다. 정말이었다. 이 길 저 멀리에 정말로, 인선이 보였다.

분점을 준비하면서 인우는 자신의 현재 위치가 의미하는 또 다른 혜택과 마주하게 되었다. 바로 양질의 무형자산이다. 인우의 주변에 인우의 시스템을 도와줄 수 있는 양질의 사람들이 생각하는 것 이상으로 늘었음을 확인한 것이다. 분점을 낼 지역과 장소를 결정할 때였다.

처음 인우가 자신의 세차장을 정했을 때처럼 이번에도 많은 시간과 정성을 들여야겠다고 생각하던 차에 뜻밖에 많은 곳에서 먼저 연락이 왔다. 인우가 자신의 계획을 유튜브를 통해 사람들에게 알렸는데 여기에 대한 응답이 생각보다 많은 곳에서 온 것이다.

그중 애청자이면서 세차장의 단골이자 부동산 관련 운영 지원 사업을 하는, 쉽게 말해 약간 큰 형태의 공인중개소를 운영하는 공인중개사를 만났다. 그도 유튜브를 운영하고 있었고 구독자 수가 꽤 많았다. 몇 번의 만남 끝에 믿을 만한 사람이라고 판단한 인우는 이후 영업장 위치와 가격에 대한 모든 것을 그에게 위임했다.

그는 자신의 일처럼 열심히 움직여주었다. 인우에 대한 호의나 세차장 서비스에 대한 만족도 있겠지만 결정적으로 그의 일을 도와주는 게 자신의 사업에 도움이 된다고 판단했기 때문일 것이다.

대형 유튜버이자 시장에서 인정과 사랑을 받고 있는 인우의 사업 확장에 일부 기여하는 것만으로도 그에겐 좋은 홍보거리이자 성과가 될 것이 분명하니까. 장 대표와 같은 이들을 앞으로도 인우는 지속적으로 마주하게 된다.

인우가 어떠한 일을 한다고 하면 도와주겠다는 사람들부터 먼저 인우와 함께 어떠한 일을 하고 싶다고 제안하는 사람들까지. 이 모든 것이 인우가 만든 브랜딩의 힘이었다. 좋은 브랜드는 사람을 끌어당기는 법이다.

사람들이 찾아오는 상황을 자주 경험하면서 인우는 사람을 선별하는 기준을 갖게 되었다. 함께 일할 만한 사람을 구분하는 눈이 생긴 것이다. 가장 큰 기준은 자기가 만든 브랜딩에 누가 되지 않을 사람이었다.

스스로 구축한 브랜드가 훼손되는 것을 무엇보다 경계

하는 그이기에 가능한 기준이었다. 또한 이 기준은 매우 합리적인 방식으로 사람을 구분 짓게 해주었다. 배경이 확실한 사람, 지금까지 걸어온 길을 정직하게 보여줄 수 있는 사람, 그 길에서 얻은 평판이 좋은 사람 등의 기준으로 인우는 자신의 시스템을 도와줄 수 있는 많은 사람, 다시 말해 많은 타인의 시간을 확보하게 된다.

장 대표의 제안은 합리적이면서 시장을 정확하게 꿰뚫고 있었다. 어찌 보면 당연한 일이었다. 세차에 대해 인우와 그의 동료들이 누구보다 잘 알듯, 부동산은 실력이 검증된 그가 누구보다 잘 아는 것이. 그의 도움으로 인우는 비교적 적은 공수를 들이고도 세차장을 하기에 좋은 지역과 장소를 구할 수 있었다.

최종 계약으로 세차장이 정해지자 인우는 자신이 했던 방식 그대로 새로운 세차장을 세팅했다. 조금은 손해 보더라도, 조금은 고집을 부리더라도, 인우는 자신의 이름을 건 세차장이 본인의 세차장과 거의 동일한 형태의 서비스를 제공하길 바랐다.

새로운 세차장도 사람을 뽑고 비용을 들여 세차보다 먼저 교육에 집중했다. 동시에 근처에 좋은 평을 듣는 정비소를 발굴했고 이를 세차 패키지에 연동시켜 본점과 동일한 차량 관리 서비스를 분점에서도 받을 수 있도록 차근차근 단계를 밟았다.

이 역시 브랜딩에 대한 훼손을 염려했기에 했던 결정이었다. 가끔 당장 시작해도 많은 고객이 찾아올 텐데 넓은 세차장을 낭비하면서까지 최소한의 고객만 받으며 교육을 먼저 시키는 데 우려를 나타내는 직원에게 인우는 이런 말을 하며 타일렀다.

"지금 당장 찾아오는 사람들은 카마카세 본점과 내 채널의 명성 때문에 오는 사람들입니다. 나는 그들이 처음 찾아오게 만들 순 있지만, 두 번 방문하게 만들 순 없습니다.

두 번 방문하게 만드는 것은 오롯이 이 분점이 해야 하는 일입니다. 알다시피 세차장은 결국 단골 장사입니다. 단골을 만들 준비가 되어 있지 않다면 시작하지 않는 것이 맞습니다.

저를 믿으세요. 한번 실망한 손님을 다시 오게 만드는 비용보다, 지금 우리가 쓰는 이 비용이 훨씬 싸고 가치 있는 것임을. 우리는 지금 비용을 써가며 교육을 시키는 것이 아니라, 분점을 활성화하기 위해 투자를 하고 있는 거예요."

다행히 인우가 준비한 분점들은 안정적으로 성행했다. 뜻하지 않은 여러 문제가 생기긴 했지만 큰일은 아니었다. 그렇게 인우의 분점은 1년 만에 총 4곳으로 늘어나게 되었다.

인우의 직원들 중 분점을 내고자 했던 모든 이가 각각의 지점을 내기까지 꼬박 1년이 걸린 것이다. 고작 세차장 하나를 내는 것에 걸린 시간이라면 꽤 긴 시간이다. 하지만 인우의 세차장이 품은 시간과 정성을 옮기기에는 가장 알맞은 시간이었다.

나머지 지점이 성행함에 따라 카마카세의 확장 속도는 가속도가 붙게 된다. 각 지점이 훌륭히 운영되고 수익이 나는 것을 확인한 많은 사람이 어느 기점이 되자 폭발적으로 인우의 채널을 통해, 세차장을 직접 찾아와 분점 요청을 한 것이다.

그만큼 세차라고 하는 시장은 생각보다 잠재 수요가

많은 시장이었던 것이다. 대한민국처럼 자차를 많이 보유한 나라는 잘 없으니까, 그리고 대부분의 사람이 기본적으로 차는 관리하며 살아가니까.

분점에 대한 경쟁이 치열해지면서 인우에게 내건 조건도 점차 좋아졌다. 아예 자본 전부를 자신이 대고 수익의 상당 부분을 나눠주겠다는 제안도 심심치 않게 들어왔다.

언뜻 보면 손해 보는 장사같이 느껴지겠지만 실상은 그렇지 않았다. 제안하는 그들도 그들 나름의 계산기를 두드려보고 내린 결론이었다. 그만큼 인우가 가진 브랜드는 세차 시장에선 독보적이었고, 그 브랜드를 이용하는 것만으로도 충분히 이익이 남을 것이라고 그들은 판단했다.

또한 그들의 판단은 맞았다. 단 한 곳도 어려움 없이 잘 운영되는 것이 그 증거였으니까, 인우는 끊임없이 그런 증거들을 구독자에게 유용한 콘텐츠로 변환해 시장에 전달했으니까, 인우에게 오는 제안 조건들이 날이 갈수록 좋아지는 것은 어찌 보면 당연한 일이었다.

이런 현상을 경험하며 인우는 더욱더 자기 브랜드를 가꿔야겠다고 결심했다. 이 모든 혜택이 결국 자신의 이름값임을 직감한 것이다. 그런 이유로 인우는 여전히 남는 시간을 세차에 투자했고, 조금 더 멋진 방식의 세차를 끊임없이 고민했다.

성공해도 변하지 않는 사람, 늘 그 자리에 있는 사람, 장사꾼이 아닌 장인 등 수많은 수식어가 그를 칭찬했지만 실상은 아니었다. 인우는 그저 자신에게 가장 큰 이익을 줄 수 있는, 그래서 자기 시간을 가장 큰돈으로 환원할 수 있는 방법을 실행했을 뿐이었다.

분점을 내려는 사람은 모두 좋든 싫든 6개월간 인우의 세차장에서 직원으로 일하며 교육을 받아야 했다. 그 이후에도 인우가 그랬던 것과 동일한 방식으로 세차장의 운영 단계를 밟아야 했고, 그러기 위해 비교적 적지 않은 시간과 자본을 이에 투자해야 했다.

외부 요청으로 인한 분점의 경우 마지막은 인우가 직접 가서 세차 테스트를 진행했고 이 테스트에 통과한 사람만이 분점의 직원으로서 세차 업무를 할 수 있었다.

이런 까다로운 조건을 들은 사람 중에 일부는 분점 제안을 철회했다. 몇몇 사람은 인우에 대한 비판도 서슴지 않았다. 흔히 말하는 갑질을 한다는 것이었다. 처음에 인우는 그런 말들에 상처받았으나 이내 신경 쓰지 않기로 했다.

그들이 아니라도 함께하길 원하는 사람은 이미 많았으니까, 적어도 시장은 인우의 이런 모습을 갑질이 아닌 장인의 고집이라 인정해 주었으니까. 그렇게 인우는 착실하게 그리고 자신만의 속도로 타인의 시간을 자신의 것으로 만들고 있었다.

29

"좋은 기회인데, 왜 거절했나요?"
"제가 할 수 있는 일이 아니었으니까요."
"어째서지요?"

1년 만에 만났음에도, 어제 하던 이야기를 이어나가듯 대화를 나누는 장소는 안타깝게도 여전히 병원이었다. 걱정되는 마음이 앞서는 인우였지만 예전보다 좋아진 얼굴을 마주하고 이내 걱정의 말을 삼킨다.

어차피 스스로 해결할 수 없는 일이기에, 어차피 고민한다고 해결될 일도 아니었기에. 걱정을 뒤로하고 인우는 인선의 질문에 대답한다.

"지금 제가 쓰는 세제도 고민 끝에 선택한 가장 좋은 세제입니다. 제 이름을 빌려 새로운 세제를 만든다고 하더라도 그 세제가 제가 쓰는 것보다 더 나을 것이란 확신이 없었습니다. 그렇다고 제가 세제의 성분을 제안하고 만들 지식은 크게 없고요.

무엇보다 그들이 생각하는 가격은 제가 생각할 때 합리적이지 않았습니다. 제 이름을 판다고 해서 세제가 더 나아지는 것도, 성분에 자신 있어 할 것도 아니라면 결국 시장에 확실하지도 않으면서 비싸기만 한 제품이 나오는 꼴이 됩니다. 제가 원하는 건 그런 것이 아니었습니다."

"좋은 브랜드를 쓰려고 하는 사람은 결국 그 브랜드가 가진 신뢰의 힘을 구매하고 싶은 거예요. 제안해 온 곳은 세제 관련해 대한민국에서 꽤나 큰 브랜드고요.

그런 곳에서 어설픈 제품을 만들 리는 없을 텐데, 그리고 이 제품으로 인우 씨가 이용하는 타인의 시간이 다른 곳으로 확장될 텐데, 아쉽지 않나요?"

"비싼 값을 쓴다고, 저에 대한 신뢰를 구매한다고 해서, 세정력이 올라가는 건 아니니까요. 아쉬운 마음이 없다면 거짓말이지만 아직까지 제가 그 정도로 확장할 역량이 안 된다고 생각하겠습니다. 이미 시장엔 충분히 싸고 좋은 제품이 많거든요."

"하하. 마지막 질문은 없던 것으로 해요. 그냥 오기로 한번 떠본 거예요. 인우 씨의 말이 정론이에요. 시스템을 가지라고 했지, 책임 못 질 시스템을 가지라는 것은 아니었으니까요.

결국 남의 시간을 사더라도 자기 시간 안에 가둬야 시스템이지, 그렇지 않다면 오히려 독약이에요. 앞으로도 그 마음은 잘 간직하길 바라요. 본인이 할 수 있는 것과 본인이 할 수 없는 것을 정확히 구분하는 것, 할 수 있는 것들을 보다 잘하게 하기 위해 노력하는 것. 인우 씨는 이미 이걸 가지고 있네요.

훌륭해요. 인우 씨는 자기만의 방식으로 시스템을 갖춰가고 있네요. 듣자 하니 업장이 이제 열 개가 훌쩍 넘어갔다고 들었어요. 어때요?"

"요즘 더할 나위 없이 정신이 없어요. 가끔 답답하기도
하고요."

"답답하다고요? 어떤 점이요?"

"뭐랄까, 예전만큼 바쁜데 예전보다 내 맘대로 되는 일
이 잘 없는 느낌? 요즘에는 세차하는 시간과 콘텐츠 촬영
하는 시간을 제외하면 거의 대부분은 각 분점의 보고를
받고 이슈를 정리하는 데 시간을 다 보내거든요.

분점 대부분이 조금 많이 떨어져 있다 보니 전화로 주
로 회의를 하는데 직접 가서 보고 해결하지 못한다는 답
답함이 있는 것 같아요. 현장에 없다 보니 보고로만 알 수
없는 문제점이 생기지나 않을까 노심초사하기도 하고요.

이따금씩 고객 불만족에 대한 전화가 저한테 올 때도
있는데 그럴 때면 뭘 어떻게 해결할 수가 없으니까 답답
하기도 해요.

마냥 달려가서 이래라저래라 하기에는 분점에도 각각
의 사장님들이 있는데 그분들 면을 생각하면 못 할 짓 같
기도 하고요. 세차나 콘텐츠에 집중하는 것도 뜻대로 할
수 있는 거라서 그런 건가 싶기도 합니다."

"어차피 돈은 따박따박 들어오는데 그렇게까지 하나하나 챙겨야 할 이유가 있나요?"

"처음에 분점을 낼 때 정한 한 가지를 지키기 위해서입니다. 대한민국의 모든 카마카세는 고객들에게 약속한 세차에 대한 서비스를 동일하게 전달한다. 이 한가지요."

"인우 씨는 방금 시스템을 만드는 데 필요한 아주 중요한 두 가지를 말했어요. 이 두 가지를 잘해냈을 때 인우 씨의 시스템은 더욱 크고 강하게 성장할 거예요."

"그 두 가지가 뭔가요?"

"첫 번째는 퀄러피케이션, 즉 품질 관리예요. 인우 씨가 가장 많은 시간을 들여서 노력하고 있는 그 지점은 사실 시스템을 만들 때 가장 많이 고려해야 하는 부분이기도 해요.

어떻게 동일한 품질을 확장해서 전달할 것인가에 대한 고민이지요. 유명해진 사람이 자기 이름을 걸고 프랜차이즈를 시작했을 때면 이 지점을 생각지 못한 경우가 많아요. 그리고 이를 신경 쓰지 않은 대부분의 일은 결국 망해요. 처음이야 이름값으로 잘된다 하더라도 그게 언제까지 이름값으로 잘되는 건 아니거든요. 이름값이 높아질수록 시장은 그 이름에 걸맞은 서비스를 기대해요.

최소한 예상한 정도의 서비스여야 하고, 나아가서 예상 이상의 서비스를 제공해야 오랫동안 살아남을 수 있지요.

규모가 커진다는 건 인우 씨 말처럼 인우 씨가 일일이 컨트롤할 수 없음을 의미해요. 그럼에도 적어도 인우 씨의 이름을 가지고 내는 분점들은 인우 씨의 약속에 누가 되지 않는 서비스를 지속적으로 제공하게 만들어야 하지요. 그게 퀄러피케이션이에요.

시스템을 오래 유지하기 위해 가장 필요한 것이지요. 따지고 보면 처음 세차장을 운영할 때와 상황은 비슷해요. 다만 공간이 훨씬 크게 확장된 거지요. 한 세차장에서 전국의 세차장으로 말이지요."

"그렇군요. 그럼 두 번째는 뭔가요?"

"두 번째는 첫 번째랑 이어지는 이야기예요. 인우 씨는 하루 중 많은 시간을 각 분점을 관리하고 소통하는 데 보내고 있어요. 그 일은 분명 필요하지만 시스템의 관리자가 언제까지나 운영에 집중해서는 시스템은 결코 커지지 않아요.

열댓 개 정도의 분점을 관리하는 데 대부분의 시간을 쓰는데, 분점이 만약 30개가 되면? 50개가 되면? 그때도 이렇게 관리할 수 있을 것 같나요? 결국 관리하지 못하겠지요.

거기까지도 가기 전에 인우 씨 성격이라면 지금 같은 상황에서 더 많은 분점을 내려고 하지 않을 거예요. 내 말이 맞나요?"

"…맞습니다. 선생님을 오늘 찾아온 이유이기도 하고요. 분점 요청이 끊임없이 들어오고 있어요. 제가 생각했을 때도 아직 이 시장은 우리 카마카세가 진입하기에 충분히 매력 있고요.

그런데 저는 자신이 없어요. 열다섯 개도 허덕이면서 하고 있는데 과연 더 이상을 할 수 있을까 하는 걱정이 먼저 들거든요.

선생님 말씀처럼 시스템으로 남의 시간을 사고 있지만 제 시간은 더 많이 드는 것 같습니다. 뭘 잘못 생각한 건지, 고민이 많아져서 뵙자고 한 거예요."

"그래서 인우 씨에게 필요한 건 지금부터 내가 말할 시스템을 위한 두 번째, 위임이에요."

"위임이요?"

"네, 지금부터 인우 씨가 해야 되는 일은 스스로 해야 되는 단 한 가지의 주업을 남겨두고 나머지 모든 것을 위임하는 것이에요.

새로운 매장을 내는 것도, 그 매장에 인우 씨의 색을 입히는 것도, 이후의 지속적인 관리도 모두 누군가에게 위임하는 것이지요.

그 누군가는 사람이 될 수도 있지만 로직을 갖춘 프로그램이 될 수도 있어요. 가령 분점을 늘리는 것은 인우 씨가 만든 기준에 따라 평가하고 판단하는 분점 전문 부서를 두면 될 일이에요.

교육하는 것 역시 인우 씨가 생각하는 절차와 방향대로 교육 업체에 일임하면 될 뿐이고요. 매장을 지속적으로 관리하는 것도 CS 업체를 쓰면 해결되겠지요.

이 모든 것을 하나의 그림으로 보고 체계적으로 운영하는 것은 그럴 만한 사람을 뽑아서 맡기면 되고요. 결국 인우 씨는 모든 것을 위임해야 해요. 그래야 인우 씨의 시간이 남아요. 그 시간이 남아야 생각할 시간을 벌 수 있어요.

그 시간을 벌어야 시스템을 확장할 수 있는 거고요. 결국 누군가의 시간을 사용하기 위해서는 우선 자기 시간을 온전히 통제할 수 있어야 해요. 예전에 말했지요. 이젠 많은 것을 하지 않아야 한다고, 위임에 대한 이야기를 그때 했던 거예요."

"남의 시간을 사용하기 위해 자신의 시간을 통제한다…."

"나를 예로 들어볼까요? 내가 만든 교육 플랫폼의 직원 수는 300명이 넘어요. 이 플랫폼은 나 없이도 원활하게 돌아가요. 회사 운영과 성장, 심지어 리스크 관리까지 모두 매뉴얼과 위임한 사람이 전부 하거든요.

부동산 사업 역시 마찬가지예요. 부동산 투자, 컨설팅, 교육까지 모든 것은 내가 아니라도 전부 돌아가게 구성되어 있어요.

그러다 보니 이렇게 병상에 누워서 치료에 전념하고 있는 이 순간에도 내 시스템은 철옹성처럼 돌아가지요. 내가 잘나서가 아니에요. 내가 위임한 사람이, 구조가 확실하기 때문이에요.

반면 인우 씨는 아직 이 단계가 아니에요. 모든 것을 하나하나 아직까지 챙겨야 하지요. 퀄러피케이션을 위해서 했던 일이고 그 일은 분명 의미가 있지만 이제는 그 역할들을 하나하나 다른 사람들에게 넘겨야 해요.

지금 내가 하는 일은 오직 하나예요. 분기별로 보고를 받고 중요한 결정 사안이 생겼을 때 의사 결정을 하는 것. 이 한 가지요.

그렇기에 내가 만든 이 시스템은 내 시간을 보호하는 동시에 내가 더 많은 것을 하기 위한 발판이 되지요. 지금 인우 씨는 시스템을 떠안고 있어요. 거기로부터 자유로워지세요. 그래야 더욱 성장할 수 있어요."

"선생님 말씀은, 시스템이 돌아가기 위해 또 다른 시스템을 저 대신 넣으라는 소리로 들리네요."

"하하. 재미난 표현이에요. 맞아요. 시스템으로부터 자유로워지기 위해 시스템을 이용하라는 거예요. 이 모든 것이 왜 가능한지 알아요? 모든 것을 인우 씨는 이미 경험해 봤으니까.

인우 씨가 하나하나 챙겨봤기 때문에 위임이 가능한

거예요. 만약 처음부터 인우 씨가 혼자 편하자고 위임부터 했다면 아마 얼마 지나지 않아 큰 위기가 찾아왔을 거예요.

자기가 경험하지 못한 것을 누군가에게 위임하는 것은 정확한 의미의 위임이 아니에요. 그건 그냥 내버려 두는 거지요. 아무리 가치 있는 일이라도 내버리는 순간 의미는 퇴색합니다.

말하고 보니, 실제로 위임만 먼저 배우고선 무작정 일을 버려두다 보기 좋게 망한 사람 한 명이 떠오르네요. 지금은 정신 차리고 잘하고 있긴 하지만.

아무튼 인우 씨는 지금까지 시스템이 돌아가기 위한 여러 가지를 누군가의 밑에서 일할 때부터 지금까지 끊임없이 온몸으로 겪었어요.

그렇기 때문에 위임을 하더라도, 고개를 돌려 그 일을 한참 동안 보고 있지 않더라도 언제든지 다시 고개를 돌리면 위임시킨 일의 현재 상태를 직관적으로 파악할 수 있어요.

당연히 문제점도 찾을 수 있고, 위임한 어떤 구조가 잘못되었을 때 즉각적인 수정이 가능해요. 앞서 말했지요.

내가 하는 건 중요한 사안에 대한 의사 결정뿐이라고, 그 의사 결정 하나를 잘하기까지 내가 얼마만큼의 경험을 스스로 했다고 생각해요?

남들의 눈에는 손가락 하나로 모든 일을 좌지우지한다고 생각하겠지만 실상은 틀렸어요. 그 손가락 하나를 제대로 까닥거리는 건 나나 인우 씨처럼 이 길을 착실히 걸어온 아주 소수만 가능하거든요."

"무슨 말씀인지 잘 알겠습니다. 제가 고민하고 있던 것들이 확 뚫리는 기분이네요. 저는 저라는 사람이 가진 그릇의 한계로 이 이상의 확장이 어렵다고 생각했습니다.

선생님 말씀을 들어보니 그릇의 문제가 아니라 방식의 문제였군요. 그 방식은 제가 전혀 생각하지 못한 것이었고요. 늘 책임지기 위해 스스로 챙겨야 한다고 생각했지만, 책임지는 방식에는 꼭 내가 하지 않아도 가능한 여러 방법이 있음을 방금의 대화를 통해 깨달았습니다.

말씀하신 내용을 잘 새겨듣고, 시스템을 공고히 만들도록 해볼게요."

"마지막으로 인우 씨, 좀 더 세상에 적극적으로 소리치세요. 내가 여기 있다고, 나를 보라고 말이지요. 예전에 내가 말했던 인선이란 사람이 강연을 하는 이유에 대해 이제 본인도 본인의 상황에 맞춰 생각해 보세요.

앞으로 인우 씨가 확장해 나갈 모든 일의 핵심은 인우 씨란 사람의 명성과 평판이 될 거예요. 큰일일수록 사람들은 실체가 아닌 이미지를 좇거든요.

그 이미지를 튼튼하게 만드는 것은 실체지만, 실체가 아무리 분명하다고 해도 크게 소리치지 않으면 더 넓은 세상까지 전달되진 않을 거예요.

인우 씨를 바라보고, 인우 씨에게 다가와서, 인우 씨에게 자신의 시간과 정성을 바치려는 모든 사람이 바라는 것은 오직 하나예요.

인우 씨가 세상에 더 알려지는 것, 더 확실하게 인식되는 것, 더 사랑받는 것, 이 한 가지요. 앞으로는 그게 인우 씨의 가장 큰 책임이 될 거예요."

"명심할게요. 저를 위해 소리치라고 말씀하셨다면 차마 그러겠노라 말하지 못했겠지만, 제 시스템에서 저를 믿고 시간을 허락해 준 사람들을 위해 소리치라 하시면, 소리가 아니라 춤이라도 못 출까요.

제가 그렇게 성장하고, 제 시스템이 그렇게 성장하게 되면 반드시 그 시스템에 책임지는 모습으로 보답드리겠습니다. 그리고 오늘은 아쉽게도 지난번의 약속을 지키지 못했지만, 다음번에 만날 때는 꼭 그 호텔에서 마주하길 바랄게요. 그리 오래 기다리게 만들진 않겠습니다."

"하하하. 그 호텔이 그립네요. 하지만 그거 알아요? 다음에 우리가 다시 만날 때에는, 아마 그보다 더 멋진 장소일걸요?"

"네?"

"두고 볼 일이지요, 내가 맞을지 아닐지는. 하지만 다음번엔 이 눅눅한 병원은 아닐 거예요. 약속할게요."

"오늘 들은 말 중에 가장 기분이 좋아지는 말이네요."

해는 아직 중천이었다. 문득 쏟아지는 햇살을 마주하며 인우는 생각했다. 지금까지 걸어온 길이 지난했기에 이제 나이가 마흔이 가까워지고 있기에 어쩌면 성공의 여정도 저녁 노을쯤에 왔노라 생각했지만, 오늘 들어 보니 아니었다.

자신의 길은 여전히 중천이었다. 여전히 해야 할 일이 많이 남았다. 어린아이와 같은 설렘이 다시 그에게 찾아온 듯했다.

노트를 펼친다.

- 부를 배우다-

1. 부는 근접전이다

2. 1000만 원을 벌어야 한다. 어떻게?

3. 시간이란 곧 돈으로 교환할 수 있는 금이다

4. 금은 세공할수록 그 값이 올라간다

5. 금을 세공해서 만드는 반지의 이름은 특별함이다

6. 그 반지를 만들기 위해서는 깎여나가는 시간을 견뎌야 한다

7. 이 반지는 절대 반지다. 어떻게 사용하느냐에 따라 가치가 달라진다

8. 혼자 성장하는 사람은 없다. 사람은 사람으로부터 배워나간다

9. 00년 00월 00일. 나는 비로소 1000만 원을 벌게 되었다.

10. 나 자신도 고민하지 않는 내 시간의 값은, 그 누구도 매겨주지 않는다

11. 경험해야만 깨닫게 되는 것들이 있다. 근접전이다. 선생님이 옳았다

12. 시선이 달라지면, 보는 것도 달라진다. 다른 것을 볼 수 있어야 다른
    시선도 가질 수 있다

13. 한 우물을 파는 노력이 아니라, 한 우물을 알아보는 노력!

14. 브랜딩의 하나, 사람들이 원하는 것을 보여준다

15. 브랜딩의 틀, 기술이 아닌 시간을 인정받는다
16. 사장이 된다는 것, 일을 하는 사람이 아닌 일을 관리하는 사람이 된다는 것
17. 브랜딩의 확장, 고객을 더욱 사랑하라. 응?
18. 업장에 숨은 사장이 아닌, 업장을 품은 사장이 되어야 한다
19. 시장이 그 이름을 부여했을 때, 브랜딩은 완성된다
20. 뿌리에 집중하는 브랜딩만이 오래 살아남을 수 있다
21. 시간의 최댓값에 다다른 자는 선택할 수 있다. 고 또는 스탑
22. 걸어가기를 선택했다면 그 답은 시스템이…
23. 훌륭한 브랜딩은 훌륭한 무형자산을 끌어모은다
24. 시스템이란 남의 시간을 가지고 와 자신의 자산으로 만드는 구조다
25. 내가 만든 시스템엔 자신의 색이 변함없이 묻어나야 한다
26. 시스템을 키우는 것은 하나하나 더하는 것이 아니라, 하나하나 빼는 것이다
27. 뺄 수 있는 것들은 내가 알고 경험해 본 것들 중에서 나온다

"리스크 드라이버라, 탐날 만큼 멋진 이름이네요. 축하 해요."

"이 꼴을 하고 축하를 하면 제가 기분 좋을 것 같아요? 뭐예요, 이게."

"말버릇은 여전하네그려. 괜찮아요. 나이가 들었으니 이제 좀 쉬어야지요, 나도."

"…아버지랑은 원래부터 알던 사이였나요?"

"한참 되었지요. 배상 씨를 알기 한참 전부터 제 병을 봐준 사람이니, 우리가 처음 만난 그 강연장의 티켓, 누가 주었을 것 같나요? 내가 준 거예요. 사실 매년 한 장씩 보냈어요. 바쁘다는 핑계로 한 번을 찾아오지도 않았지만."

"그럼 처음부터 모든 걸 알고 있었나요?"

"그건 아니에요. 성이 특이해서 혹시나 했지만. 그리고 배상 씨가 처음부터 아버지 이야기를 내게 하진 않았잖아요. 시간이 지나면서 자연스럽게 알게 된 거예요. 알아봤자 그게 뭐 대수랴 싶어서 별말 안 했던 거고.

나는 기회를 가지고 장난을 치진 않아요. 그날 커피 한 잔의 주인공이 배상 씨가 된 건 우연이에요. 반 원장도 내게 어떠한 부탁을 하거나 요청을 한 적은 없고요. 반 원장도 최근에 알았을 거예요. 내가 배상 씨와 이렇게 연락을 하고 있다는 사실을.

하지만 부자 관계인 걸 알고 나서 조금 더 배상 씨를 신경 썼다는 건 부정할 수 없겠네요. 덕분에 조금 덜 괴롭힌 것도 사실이고요.

말했지요, 배상 씨의 무형자산은 생각보다 강하다고. 그중에 하나라고 생각해요. 뭐 대세를 바꿀 만큼 대단친 않았지만 그래도 조금의 영향은 있었겠지요."

"아무튼, 몸은 좀 어때요? 아버지한테 전해 듣기로는…."

"그 이야기는 하지 않는 걸로 해요. 가뜩이나 찾아와서 걱정하는 사람들이 신경 쓰이는데 배상 씨까지 신경 쓰이게 하고 싶지 않아요.

리스크 드라이버라는 이름은 멋져요. 그사이에 어떤 과정을 겪은 거지요? 알음알음으로 듣기는 했지만 배상 씨 입으로 직접 듣고 싶네요."

"…제가 걱정한다고 해결될 일은 아니니까. 알겠어요. 죽은 사람 소원도 들어준다는데, 산 사람 소원이야 못 들어주겠어요."

입술을 지그시 깨문 채 자리에 앉는 배상이었다. 그런 모습을 인선이 흐뭇하게 지켜본다. 틱틱거리는 태도 안에 진심 어린 걱정을 느껴서였다.

"그날 이후로 벌써 3년이 흘렀네요. 그 후로 저는 CEO 여섯 명을 더 경험했어요. 그들의 운전기사로, 수행 비서로요.

제약 회사, 화장품 회사, 무역 회사 등 분야를 가리진 않았어요. 단지 추천을 통해 제가 배울 만한 점이 있는

CEO면 족했으니까요. 그렇게 CEO들과 함께하면서 저는 각기 다른 분야에서 각기 다른 방식으로 성공한 이들에게 묘한 공통점이 있음을 깨달았어요.

그 공통점을 제 나름의 방식으로 해석했고요. 그걸 해석하고 내 것으로 만들 수 있으면 성공이란 녀석을 규정할 수 있을 것 같더라고요. 그 작업을 하다 보니 전문 지식이 필요하다는 걸 깨달았고, 그래서 작년부터는 MBA 과정을 듣고 있어요. 간단하게 요약하면 이래요."

"책은 어쩌다 쓰게 된 거예요? 책 제목 멋지던데요? 『운전석 뒷자리엔 오늘도 부가 쌓인다』요. 내용도 재미있었고요. 중간중간에 배상 씨답지 않은 전문 지식이 섞여 있어서, 출판사에서 보충한 것인 줄 알았는데 배상 씨의 지식이었군요. 더욱 멋지네요."

"책은 처음부터 계획하고는 있었어요. 제가 운전기사를 처음 할 때부터요. 브랜딩이라는 걸 확실하게 만들 수 있는 수단 중에 하나가 책이라고 생각했으니까요.

그저 경험한 것들을 토대로 멋지게 자서전을 써보려고 했는데, 경험을 하면 할수록 제 이야기가 아닌 그들의 이야기를 내 식대로 담고 싶다는 생각을 했어요.

그런데 아는 게 많아지니까 오히려 점점 글을 쓰는 것
이 겁나더라고요. 차일피일 미루다가 MBA 과정을 들으
면서 지금이 아니면 쓸 수 없는 이야기겠구나 하는 생각
이 들었어요. 그래서 쓴 거예요."

　"지금이 아니면 쓸 수 없다니, 어째서지요?"

　"배우는 것이 많아질수록 과거의 날것 그대로의 감정
과 경험을 자꾸 멋있어 보이게 해석하려고 하더라고요.
과거에 잘 모르고 경험한 일들이 미래의 지식으로 포장되
는 느낌 같은 게 들었어요. 그렇게 포장지를 모두 입히고
나면 뭔가 똑똑한 이야기가 나올 거 같긴 한데, 정작 거기
에 지난 내 삶이 빠져 있진 않을까 걱정되더라고요. 지금
쓰지 않으면 과거의 감정과 경험을 잊어버린 사람이 될
것 같았어요. 그래서 썼어요."

　"그래서였군요! 날것인 듯하면서도 어딘가 세련되어
보이던 문체가. 재미있네요. 그래서 그 책을 통해 얻은 성
공에 대한 결론은 '위기관리'였나요?"

　"네. 다양한 CEO가 성공을 향해 달려가면서 보여줬던
유일한 공통점은 모두 각자의 위기가 있었고 그 위기를
훌륭하게 극복했다는 거예요. 위기를 극복한 사람의 태도

는 다르더라고요.

　모든 일에 당당하고 자신감이 있었어요. 의연함이라고
도 볼 수 있지요. 마치 위기가 할퀴고 간 상처가 아물어
훈장이 된 것 같은 느낌이었어요. 그래서 성공을 한다는
것은 위기 없이 이르는 어떠한 곳이 아니라, 위기를 밟고
이르는 어떠한 곳이다, 하는 확신이 들었어요. MBA 과정
을 듣다 보니 그걸 '위기관리론'이라고 부르더라고요. 이
거다 싶었지요. 그 내용을 적었어요.'

　"그걸 운전사의 관점에서 적은 글은 없지요, 세상에. 그
러다 보니 시선이 신선하고 표현이 재미있었으며 무엇보
다 누군가의 실패와 성공을 관음하는 듯한 느낌이 들었고
요. 관음은 인간이 가진 가장 재미난 본성 중에 하나니까,
그 책이 잘된 것도 이해가 돼요. 그 후로 리스크 드라이버
라는 이름을 썼고요?'

　"책이 생각보다 잘되어서 여기저기 강연을 의뢰하는
일이 많아졌어요. 그전까지는 회사 명함을 강연장에서 나
눠줬는데, 어느 날 이 행위도 하나의 브랜딩인데 제 이름
이 있으면 좋겠다는 생각이 들더라고요.

　제가 배운 성공의 법칙인 '위기관리'와 제가 현재 하고

있는 운전기사를 합쳐서 리스크 드라이버라고 부르면 어떨까란 생각으로 만들어봤는데, 좀 낯간지럽네요?"

"그 이름을 스스로는 더 이상 칭하지 않더라도, 세상이 부르게 만들도록 해봐요. 그게 브랜딩의 완성이니까."

"…."

"머지않아 그렇게 될 거예요. 그래서 이제 뭘 할 거예요? 좀 더 운전사를 할 건가요?"

"MBA 과정이 끝날 때까지는 하려고요. 그 과정도 이제 1년 남았으니까요. 그게 끝나고 나면… 글쎄, 뭘 해야 할까요?"

"시스템을 완성해야지요. 이젠 그럴 자격이 된 것 같은데?"

"시스템, 완성해야지요. 하지만 아직은 아닌 거 같아요. 아직 한 가지가 부족해요."

"무엇이?"

"성공을 실행해 본 경험이요. 나는 수많은 사람의 성공을 지켜봤고, 훔쳤고, 그 성공을 해석하기 위한 지식도 쌓고 있어요. 하지만 정작 나 자신이 스스로 쟁취한 성공은 아직 없어요. 그걸 이뤄야만 비로소 나만의 시스템을 온전히 가질 수 있는 게 아닐까 하는 생각이 들어요. 저는 아직 마지막 퍼즐 하나가 남은 것 같아요."

"거기까지 생각했다면, 더 해줄 이야기가 없네요. 맞아요. 배상 씨는 이제 성공을 경험하는 일이 남았어요. 처음 배상 씨가 바뀌게 된 계기, 기억나요? 동업에 대한 실패를 이야기하면서였지요. 사필귀정이라고 이번엔 배상 씨가 누군가의 동업자가 되어서 성공을 이끌어보는 건 어때요? 누군가의 시스템에 참여해서 그 시스템을 완성하는 경험을 할 수 있다면 배상 씨의 마지막 퍼즐로 제격 아닐까요?"

"좋은 생각이네요. 그럴 수 있다면요."

"그렇게 될 거예요. 약속해요. 머지않은 미래에 아마 제가 배상 씨에게 그 마지막 퍼즐의 시작을 선물해 줄 수 있을 것 같아요. 그때까지 지금 하던 일을 충실히 하면서 더욱 완성도를 키우기 위해 노력하세요. 이제 갓 시작된 리스크 드라이버라는 이름이 부끄럽지 않게 성장할 수 있도록."

"마지막 퍼즐을 선물해 줄 수 있다고요?"

"있어요. 배상 씨가 필요로 하는 사람이, 그리고 이제 곧 배상 씨를 필요로 할 사람이….”

“누구예요?”

“권투 글러브를 차고 세차를 하는 사람이에요. 아직은
혼자서 고군분투하면서 링 위를 뛰고 있는데 이제 곧 깨
닫게 될 거예요. 수건을 들고 뒤를 받쳐줄 코치가 필요해
진다는 것을.”

“네?”

“뜻 모를 이야기 같겠지만, 아무튼 믿어봐요. 그때까지
더 성장하길 기대할게요.”

“알겠어요. 일단은, 퍼즐도 퍼즐인데 지금부터 몸 걱정
을 먼저 하세요. 오래 살아서 저한테 어른 대접 받아야지
요. 병 수발은 자신 없으니까, 대접받을 만큼 건강해지세
요. 알겠어요? 선.생.님?”

“허허, 알겠어요. 대접 기대할 테니 각오하고 있어요.”

인선과 헤어지고 난 뒤 배상은 계획을 조금 바꾸기로
했다. 인선이 말한 리스크 드라이버라는 말에 조금 더 충
실할 수 있도록 새로운 아이디어를 짜낸 것이다. 배상의
말처럼 그의 책은 시장에 뜨거운 반응을 불러일으키고 있

었다.

거기에 그의 배경과 그가 MBA를 다닌다는 사실이 알려지자 그의 전문성은 더욱 유명해졌다. 사실, 배경과 전문성이 무슨 상관이겠냐마는 사람들은 그렇게 생각하지 않은 것이다.

그 후 공개 강연에서 점차 기업 강연으로 포지션을 변경하고 MBA를 비롯해 그간 쌓은 네트워크를 토대로 특정 기업의 리스크 컨설팅을 했다. 특이한 것은 그는 리스크 컨설팅을 오직 최고 경영자를 위해서만 했고, 컨설팅을 하는 동안 그는 최고 경영자의 운전기사도 함께했던 것이다.

차가 아직 없는 젊은 스타트업 대표를 컨설팅할 때면 자기 차를 직접 몰아가면서까지. 리스크 드라이버, 정말이지 이 이름에 딱 맞는 그만의 컨설팅이었다.

그가 하는 컨설팅은 책에 미처 담지 못한 경험치와 그의 관점 그리고 차 안에서 이뤄진다는 특이성으로 제법 유명해졌다. 짧게는 2주, 길게는 6주간의 컨설팅을 받기 위해 많은 사람이 의뢰를 했고, 덕분의 그의 명성은 날이 갈수록 커졌다.

그리고 1년이 채 지나지 않은 어느 날, 인선에게서 전화가 왔다.

"그때 말한 마지막 퍼즐, 이제 이쪽은 준비가 된 것 같은데, 그쪽은 준비되었나요?"

다음 날, 인선이 소개시켜 준 한 남자를 만나기 위해 배상이 차를 타고 나선다. 서로 만난 적은 없지만 배상도 알고 있을 만큼 유명한 사람이었다.

권투 글러브를 차고 세차를 하는 사람이라, 그 말이 이제서야 이해가 되는 배상이었다. 앞만 보고 달려왔던 배상의 지난날처럼 오랜만에 자세를 고쳐 앉고 보니 백미러의 각도가 이상했다. 백미러를 조정하며 혼잣말을 했다.

"마지막 퍼즐을 맞추러 달려볼까."

브랜딩을 위한 마지막 걸음이자 시스템을 위한 새로운 한 걸음이 그렇게 시작되고 있었다.

30

"케미컬은 역시 독일이 우수하네요."

"그러게요. 박람회 규모도 한국에 비할 바 없이 크군요. 알려지지 않은 제품도 많고요. 이래저래 소개할 것이 많겠어요. 현지 일정을 조금 늘려서라도 특집을 하나 더 잡아보는 것도 좋을 것 같네요. 어때요, PD님?"

"좋아요. 오늘 한국 팀이랑 바로 회의하고 추가 콘텐츠 기획해서 금주까지 콘셉트랑 대본 만들어볼게요."

전시장을 둘러본 인우의 말 한마디에 제작 팀의 일정이 바빠진다. 인우는 지금 독일에 있다. '세제 케미컬 최강전'이란 이름의 유튜브 장기 프로젝트의 촬영 때문에 독일의 한 전시장을 방문한 것이다.

최근 3개월간 인우 채널의 모든 콘텐츠 기획 총괄은 인우가 아닌 박 PD와 그의 팀이 맡아서 하고 있다. 인우와는 장기 계약을 맺은 상태다. 이것 역시 인선이 이야기한 위임의 일부였다.

인선과의 만남을 끝내고 돌아온 인우가 처음 한 일은

규정하는 일이었다. 시스템의 퀄러피케이션을 유지하면서 시스템의 많은 역할을 위임하기 위해서 자신이 현재 어떤 역할을 맡고 있는지, 그 일을 어떻게 위임할지, 언제 위임할지 따위를 인우는 하나하나 규정해 나갔다.

가장 먼저 인우가 위임한 것은 체인점 확장 업무와 교육이었다. 이 두 가지가 시스템 확장의 핵심이란 판단 때문이었다. 체인점 확장과 관리를 위해 인우는 작은 사무실을 하나 구했다. 그리고 팀을 빌딩했다.

여기에는 기존에 분점 자리를 알아봐 주는 것으로 인연을 맺은 장 대표가 많은 도움을 주었다. 믿을 만한 부동산 중개사가 팀원으로 있을 수 있게 소개를 알선했고, 각종 사업성을 평가하고 체인점을 내고자 하는 사람의 자질을 평가하는 컨설턴트도 팀원으로 추천해 주었다.

장 대표가 하는 일이 교육과 컨설팅에 맞닿아 있다 보니 가능한 일이었다. 그가 가진 무형자산의 연결 고리가 다시 인우의 시스템으로 이어지는 구조였다. 누군가를 소개받는 것은 아무나 할 수 있는 일이지만, 양질의 사람으로부터 양질의 사람을 소개받는 것은 아무나 할 수 없는 일이다. 인우의 지난 브랜딩이 또다시 빛을 발하는 순간이었다.

팀을 구축하고 가장 먼저 한 일은 인우가 생각하는 체인점의 조건과 자질을 팀에 설명하는 일이었다. 어떠한 지점이 확산되길 바라는지, 분점을 맡은 사람은 어떠한 자질이 있어야 하는지를 인우는 설명했다.

인우의 요청을 주요 골자로 한 체인점 평가 기준이 만들어지고 몇 번의 테스트에 함께 참여하면서 인우는 이 구조라면 자신을 대신해 좋은 체인점을 만들 사람을 고를 수 있겠다고 확신했다.

그 후에는 장 대표가 처음 소개해 준 컨설턴트에게 모든 것을 위임했다. 세 명으로 시작한 이 팀은 인우가 만든 시스템이 확장됨에 따라 분점뿐만 아니라 다양한 시스템을 운영 관리하는 핵심 부서로 성장하고, 훗날 스무 명 가까이 늘어나게 된다.

그다음으로 신경 쓴 것은 지속적인 교육과 관리였다. 인우가 생각한 방식으로 세차 서비스가 고객에게 전달되게 만들기 위해 특별히 인우는 외부 자원이 아닌 내부 자원을 활용했다.

자신과 함께 오랫동안 세차 일을 하며 분점을 내는 것

엔 큰 욕심이 없던, 손재주와 말솜씨가 좋은 직원 한 명을 교육 책임자로 전환시킨 것이다. 면접 자리에서 돈이 좋다고 당당하게 외치던 그 직원이다.

내부 자원을 활용한 이유는 이 일만큼은 외부의 능력 좋은 사람이 아닌 인우와 오랜 시간 손발을 맞춰오고 인우의 생각을 현장에서 가장 많이 접한 사람이 맡아야 한다는 판단 때문이었다.

그는 빠르게 자기의 역할을 이해했고 체인점 관리 팀의 도움으로 교육 과정을 구축해 나갔다. 실제 교육을 통해 여러 보완점이 수정되고 더해지면서 교육 과정은 점차 공고해졌다.

인우의 내적 자산이 그의 경험을 통해 잘 활용된 덕분에 교육 과정이 완성되었을 때, 그 과정의 모든 부분에는 인우의 생각이 잘 묻어나 있었다. 인우는 그를 교육 책임자로 임명하고 그에게 교육에 관한 모든 권한을 위임했다. 체인점이 늘어남에 따라 그도 팀을 구축하게 되었다. 팀이 점점 커지면서 체인점 초기의 교육뿐만 아니라 정기적인 추가 교육도 이 팀이 담당하게 되었다. 덕분에 인우의 체인점은 지속적인 교육을 통해 보다 성장하게 되었다.

기존에 경험한 방대한 세차 데이터 베이스에, 각 지점이 시시각각 겪는 여러 상황에서 오는 배움까지 업데이트되면서 카마카세의 전 지점이 동일한 세차 지식과 교육 수준을 가지게 된 것이다.

두 팀의 확장과 활약으로 인우는 더 이상 세차장 확장에 많은 신경을 쓸 필요가 없게 되었다. 카마카세가 어느덧 30개가 넘어갈 때쯤 인우는 새로운 역할의 위임이 필요하다는 것을 깨닫게 된다. 본점을 포함한 체인점 전체의 관리 책임자였다.

초기 세팅과 매장 교육만으로 운영되기에 체인점의 규모가 너무 커진 것이다. 큰 틀에서 체인점 전체를 사업적으로 바라보고 적재적소에 필요한 투자를 실행하는 사람이 필요해졌다고 인우는 판단했다. 말 그대로 장사의 영역에서 완전한 사업의 영역으로 확장되는 순간이었다.

적임자를 뽑는 데에는 오랜 시간이 걸렸다. 그만큼 인우의 시스템을 총괄하는 중요한 자리였기 때문이다. 세 자릿수가 넘을 만큼 많은 사람을 소개받았고 그중 100명 남짓 면접을 진행했다.

면접을 담당하는 인우마저 지칠 만한 시간이었으나 인우는 결코 서두르지 않았다. 중요한 일에는 그만큼 무거운 무게가 따름을 잘 알고 있었기 때문에 그 무게를 짊어질 수 있는 사람을 데려오기 위해 최선을 다했다.

그렇게 노력하는 과정에서 뜻하지 않게 인선이 고민을 해결해 주었다. 사업 총괄을 할 수 있는 사람을 뽑고 있다는 걸 알자 인선은 때가 되었다는 듯이 인우에게 사람을 추천해 준 것이다. 인선이 그 사람을 추천하면서 말했다.

"인우 씨의 사업은 탄탄한 뿌리를 가지고 빠른 속도로 성장하고 있는 대나무입니다. 지금 가장 필요한 사람은 속도를 높이는 사람이 아니라 올곧은 방향으로 위기 없이 성장하게 만드는 능력이 있는 사람이고요. 그런 의미에서 딱 맞는 사람이 있어요.

시장에서 꽤 이름값이 생긴 사람이라 아마 인우 씨도 알 거예요. 리스크 드라이버라고 불리고 있지요. 성격은 서로 맞을지 모르겠지만, 적어도 두 사람이 함께하면 사업에 빈 공간은 없어질 거예요. 한번 만나보세요."

그렇게 인우는 배상을 만났다. 만남의 자리에서 서로가 서로에게 직감했다. 각자에게 각자가 필요한 사람이라는 것을. 고민할 것도 없이 인우는 배상에게 함께 일할 것을 요청했고 배상은 이를 수락하되 조건을 하나 걸었다.

'언제든 자기가 필요 없을 만큼 안정적인 성공 궤도에 오를 경우, 자신을 보내줄 것. 그리고 그때 자기가 요청하는 것들을 최대한 수용해 자신을 도와줄 것.'

그 요청의 수락을 시작으로 배상은 인우와 함께 시스템의 완성을 돕는 일에 참여하게 되었다. 인우에겐 더 큰 사업을 하기 위해 필요한 마지막 조각이, 배상에게는 본인의 시스템을 완성시킬 마지막 퍼즐이 그렇게 갖춰진 것이다.

배상이 들어오면서 인우의 카마카세는 기업형 체인점으로 거듭나게 된다. 주요 의사 결정은 여전히 인우의 몫이었지만 그 의사 결정에서 안건으로 올라오기까지의 모든 분야를 이젠 배상을 주축으로 한 팀이 전담하게 되었다.

이 시점에서 팀은 더 이상 팀이 아니었다. 하나의 회사로 발전한 것이다. 그 팀에서 배상은 최고의 리스크 관리자이자 운영자였다.

시스템을 위한 시스템을 구축하면서 인우 역시 성장해 나갔다. 위임이 주는 효율성과 가치를 하나씩 배운 것이다.

불안하다는 이유로, 이것만은 내가 책임져야 한다는 믿음으로 붙잡고 있던 많은 업무가 자연스럽게 인우의 손을 떠나갔다. 유튜브 역시 마찬가지였다.

그간 촬영하는 사람과 편집하는 사람은 외주로 쓰긴 했지만 전체적인 콘텐츠 기획은 언제나 인우의 몫이었다. 인우 역시 그 역할이 싫지 않았다.

구독자를 위한 콘텐츠를 구상하는 일이 즐거웠기 때문이다. 하지만 본인의 즐거움보다 시스템의 무게를 생각할 때였다. 이 시스템의 핵심은, 그리고 앞으로도 인우가 만들어갈 새로운 시스템들의 핵심은 결국 인우라는 사람의 브랜딩이었다. 그 브랜딩의 한 축을 담당하는 유튜브 역시 보다 체계적이고 전문적인 프로그램 구성이 필요해 보였다.

그렇게 박 PD와 그의 팀을 소개받았고, 현재 그의 기획력과 구성력에 만족하며 매 순간 촬영에 임하고 있는 인우였다. 여담이지만 인우는 훗날에도 유튜브 콘텐츠 팀만은 산하에 두지 않았다.

끊임없이 요동치는 콘텐츠 시장에서 새로움을 지속적으로 창출하기 위해서는 내부의 안정적인 위치에 팀을 두는 것보다 평가받고 판단되는 것이 익숙한 야생에 팀을 두는 것이 옳다는 조언 때문이었다. 새로 뽑은 운영 총괄의 조언이었다.

이 모든 일이 이뤄지는 데에는 1년이 걸렸다. 인우가 인선을 만난 지 꼭 10년이 되는 해였다. 인우는 이제 50개의 체인점을 가진 IW홀딩스의 대표이사가 되었다.

누군가에겐 동화 속 행복한 마지막 장면일 수 있겠지만 인우에게 이것은 또 다른 시작이었다. 정확히 표현하자면 배상이라는 새로운 시선이 그의 시스템에 들어옴으로써 열린 새로운 시작 말이다.

인우는 이제 배상과 함께 다음 10년을 준비하려 한다. 시스템이 또 다른 시스템으로 확장되는 10년 말이다. 먼 발치의 인선을 따라잡기 위한 새로운 여정이 시작되고 있었다.

31

"어쩌면 말이지요, 견디는 법을 알려주었던 게 아닐까
요?"

"견디는 법이라, 고약한 영감의 취미 생활에 사용된 건
아니고요?"

"하하, 배상 님은 부러워요. 그렇게 직설적으로 이야기
할 수 있다는 게 가끔은 말이지요. 그래도 항상 회사 밖으
로 나가는 언어는 조심하셔야 합니다."

"대표님이니까 하는 이야기입니다. 우리끼리니까요. 리
스크를 책임지는 사람이 자기 입을 리스크로 만들지는 않
을 테니 걱정 마세요."

"우리끼리라, 참 좋네요. 제가 걸어가는 길에 우리라고
말할 수 있는 사람이 있는 게요."

"낯간지러워요. 감성적인 말은 금지입니다."

특별한 날이다. 지난 10년을 끝으로 마침내 세 사람이
모이는 자리다. 아직은 인선을 만나기 위해서 병원을 가
야만 하는 것이 티라면 티다.

인선을 만나러 가는 차에서 인우와 배상이 서로의 생각을 나눈다. 주제는 그들이 걸어온 길에 대한 의미였다. 인우가 말을 이어갔다.

"아무튼, 저는 그렇게 생각합니다. 지난 10년 동안 선생님을 만나서 우리가 받은 가장 큰 선물이 무엇일까?

배상 님의 이야기를 들어보면 제가 겪은 선생님과 배상 님이 겪은 선생님은 약간 달랐지만, 그럼에도 오늘 우리가 이렇게 마주할 수 있게 된 것엔 어떤 공통의 이유가 있는 것이 아닐까 하는 생각을 해봤어요.

저의 결론은 역시나 선생님을 통해 견디는 법을 배울 수 있었던 것 같아요."

"에이, 저야 뭐 좋게 포장해서 그렇다고 하더라도, 대표님은 아니었지 않나요? 처음부터 차근차근 '인선의 아들'로 착실하게 걸어오셨으니까, 물론 처음 했던 질문에 따른 결과이고 그 질문의 무게를 생각하면 억울한 건 없지만요."

"과연 그럴까요? 돌아보면 선생님은 내게 이래라저래라 알려주신 일이 거의 없어요. 단지 목적지만 알려주셨지요. 그 목적지로 가는 길은 언제나 스스로 찾아야 했어요. 뭐 도저히 답이 나오지 않을 때는 선생님이 도와주셨지만. 마치 학습 교재 뒤편에 붙어 있는 해설지 같은 분이셨어요.

언제든 해설지를 넘기면 문제의 답이 있을 것 같지만, 정작 내가 그 문제를 고민하지 않고 넘겨서 답부터 먼저 보면 답은 알아도 그게 내 실력이 되지 않는… 뭐 그런 거지요. 선생님이 제게 하신 말씀도 그런 거고요.

덕분에 나는 해답지가 있음에도 문제를 스스로 풀기 위해 노력했고. 그 노력은 항상 견딤이 수반되었어요. 맞는지 아닌지 확실하지 않지만 멈추지 않고 나아가야 했기에 당장의 생각을 가슴에 품고 걸어나가는 견딤, 그러다 한 부분에서 막히면 다시 하염없이 생각하고 무엇이 잘못되었는지를 분석하고 또 그렇게 분석해서 얻은 '정답일지 모르는 결론'을 다시 품고 걸어나가는 견딤 같은 거지요.

배상 님도 그런 의미에서 다르지 않겠지요. 처음 선생님이 주신 답이 배상 님에게 정답이 아님을 선생님은 알고 계셨을 거예요.

그럼에도 계속 헤매고 실패하고 찾아오는 배상 님에게 선생님은 늘 그 순간 배상 님이 궁금해하는 것들을 알려주셨지요. 그걸 자기 것으로 만드는 과정에서 배상 님 역시 실패와 과정을 견뎌오셨고요.

그 결과 어느 순간 선생님을 통해 지금 자기가 해야 하는 일을 발견할 수 있었고 그래서 우리가 만나게 된 거지요. 결국 선생님이 우리 둘 모두에게 준 것은 견디는 방법을 스스로 알게 해준 것, 그리고 견디는 시간 동안 조금 떨어진 거리에서 지켜봐 준 것, 이 두 가지가 아닐까요?"

"…돌아보면 제 지난 10년은 쪽팔림의 연속이었어요. 있는 집 자식으로 태어나 운 좋게 돈까지 벌어본 제가 처음으로 실패라는 것을 마주했지요. 선생님을 만나면서지요. 매 순간 실패했고, 그때마다 창피했어요.

그럼에도 자존감은 지키고 싶더라고요. '그래도 내가 반배상인데'라는 자존감이요. 몇 번의 실패에도 계속 걸어갔던 가장 큰 이유는 이것이라고 생각했어요.

그런데 방금 대표님의 말을 들어보니, 그렇게 실패하는 동안에도 나의 다음을 알려준 건 역시나 선생님이었어요. 그 다음이 잘못된 다음이었다 하더라도 그때의 내 수준에선 딱 맞는 답이었겠지요. 그 결과 또 다른 실패를 경험해야 했고요.

하지만 분명 그 과정을 통해 성장했었습니다. 아니, 그 과정이 없었다면 이런 성장을 할 수 없었다는 게 더 맞는 이야기겠네요. 견디는 법과 견디는 시간이라…. 그렇게 생각해 본 적은 없지만 들어보니 공감이 됩니다. 저 역시 견뎌왔네요. 장하게도."

"좀 더 지나온 우리의 시간에 자부심을 느끼도록 합시다. 이룬 것이 많아서, 가진 게 많아서, 아는 게 많아서가 아니라 어찌 되었건 눈앞에 해야 하는 것들에 최선을 다했고 그 결과가 어찌 되었건 나아가기를 주저하진 않았잖아요. 잘 견뎌왔어요. 그렇기에 앞으로도 우리는 잘 견뎌나갈 거예요."

"그래서 말하는 거예요. 우리는 이제 더 크게 나아가야한다니까요. 일전부터 말씀드린 사업 계획에 대해 방향을 정해야 해요. 대표님이 결정을 내려주셔야 한다고요!"

"그건 선생님과 함께 상의하지요. 오늘 그걸 위해 가는 거기도 하니까."

"쩝… 일단 가봅시다."

짧지 않은 그들의 대화가 끝날 때쯤 병원에 도착했다.

병실을 방문하고 보니 인선은 환자복인 아닌 정장 차림으로 이 둘을 맞이하고 있었다. 환한 웃음과 함께 말이다. 그 모습을 보며 배상이 먼저 말을 꺼낸다.

"어라, 어디 좋은 데 다녀왔어요? 아니면 다녀오실 예정이신가? 환자가 왜 이렇게 멀끔해요?"

"두 분을 만나는 자리니까요. 환자복으로 맞이할 순 없지요."

"에이, 뭘 새삼스럽게 그래요."

"아니에요. 진심이에요. 이제 두 분은 내가 예의를 갖춰서 대해야 하는 분들이에요. 내가 가지지 못한 분야에서 나오는 다른 성취를 이룬 사람들이기 때문이지요. 그런 상대에 대한 예우를 모를 만큼 어리석진 않아요, 나는."

"이것 역시 하나의 가르침이라고 생각할게요. 배상 님과 저 역시 선생님의 이 모습을 항상 기억할게요."

"하다 하다 이제는 말도 안 하고 뭔가를 가르치려고 하네요. 으이구."

"하하하. 앉읍시다."

여운이 남는 인사를 마치고 자리에 앉은 그들은 인선을 방문한 목적에 대한 이야기를 나눴다. 앞으로의 10년에 대한 이야기였다. 아직은 배상과 인우가 서로 다르게 보고 있는 10년 말이다.

배상은 세차장이 안정적으로 운영됨에 따라 사업을 하나씩 확장하자고 제안했다. 가령 기존에 인우가 거절했던 세차 용품에 관련된 사업이나, 또는 세차를 하나의 온라인 플랫폼으로 만들어 고객들의 이용 데이터를 모아서 이를 통해 새로운 사업을 전개한다든지의 것들이었다. 여기에서 멈추지 않고 만약 필요하고 시장에 대한 충분한 검증을 거쳤다면 굳이 세차가 아닌 다른 것도 가능하지 않겠냐는 것이 배상의 판단이었다. 교육업을 하든 외식을 하든 말이다.

가령 교육업을 한다면 세차를 통해 쌓인 고객 응대 데이터를 통해 CS 교육이라든지, 고객 만족 교육 프로그램을 만들 수 있을 것이고, 외식업을 한다면 50개의 세차장 주변에 세차를 맡기는 동안 즐길 만한 새로운 먹거리 사업을 할 수 있다고 판단한 것이다.

세차와 먹거리를 코스로 엮어서 상징적인 의미를 부여

할 수 있다면 불가능한 일도 아니라고 배상은 생각했다.

단순하게 말해 배상이 원하는 것은 지금까지 만든 탄탄한 기반을 바탕으로 공격적인 확장을 하자는 말이었다.

반면 인우는 망설이고 있었다. 진작에도 세차 용품 판매 사업을 거절한 인우였다. 스스로가 아직 사업을 확장해야 한다는 확신이 없었고, 더욱이 자신이 잘 알지 못하는 분야 또는 책임질 수 없는 분야에 자신의 브랜드를 걸고 사업을 하는 데 거부감이 있었던 것이다. 이들의 생각를 모두 들은 인선이 자신의 의견을 들려줬다.

"예전에 인우 씨가 세차 용품에 관련된 사업을 제안받았을 때 거절한 일이 있었는데, 그 일을 잘했다고 한 것 기억 나나요?"

"네, 당연히 기억합니다."

"그때는 맞고, 지금은 틀렸어요. 지금 인우 씨가 똑같은 제안을 받고 그 제안을 거절했다면 틀렸다고 말했을 거예요."

"어째서인가요?"

"상황이 바뀌었기 때문이에요. 그때 인우 씨는 사업의

시선과 자격을 채 얻지 못한 때였어요. 사업이라고 하는 녀석을 조금씩 자기 것으로 만들던 단계였지요. 그 단계에서 새로운 일을 키우는 건 독이 되었을 거예요.

하지만 지금 인우 씨는 하나의 사업을 안정시킨 단계로 올라섰어요. 거기까지 오는 동안 쌓인 경험치와 내공이 이젠 다르다는 거예요. 또한 그때 인우 씨는 오롯이 혼자였어요. 업장을 확장하는 데 도와주는 사람이 있었다곤 하지만 그건 어디까지나 인우 씨의 시선을 보강해 주는 정도였지요. 하지만 지금을 달라요.

지금은 배상 씨와 같은 사람들이 주변에 있어요. 단순히 인우 씨의 시선이 아니라, 인우 씨가 보지 못한 것들도 함께 들여다볼 수 있는 사람 말이지요.

그리고 앞으로 그런 사람들이 더 늘어날 수 있는 배경과 구조를 이미 인우 씨는 완성했어요. 이젠 시작해도 돼요. 인우 씨에게 그럴 만한 의지가 있다면요. 세차 용품을 판매하든, 플랫폼을 개발하든 세차장의 코스로 삼을 만한 음식점 사업을 개발하든 뭐든요."

"…."

"배상 씨에게 물어보지요. 새로운 사업을 성공시키기

위해선 무엇을 해야 할까요?"

"되지 않을 요인을 제거해야 합니다. 모든 사업은 성공할 가능성이 있어요. 실패하는 것은 사업의 방향이 잘못된 게 아니라 구조가 잘못된 거예요. 그 구조에는 사업을 진행하면서 미처 발견하지 못했던 리스크가 존재하고요. 그 리스크들을 하나하나 분석하고 제거하는 것과, 그 과정을 스스로 할 수 있는 수준과 역량이 되는지를 확인해야 합니다. 만약 리스크를 정확히 분석할 수 있고 그것을 해체시킬 방법과 역량이 확실하다면, 모든 사업은 성공할 수 있습니다."

"리스크 드라이버다운 멋진 말이네요. 덧붙일 게 없을 만큼. 인우 씨, 보셨지요? 인우 씨가 고민하고 있는 것은 알아요. 하지만 그 모든 고민이 인우 씨의 몫일 필요는 없어요. 사업은 장사랑 다르게 혼자 하는 게 아니니까요. 이미 인우 씨는 이런 사람을 갖췄어요.

앞으로 배상 씨와 같은 사람은 인우 씨 주변에 더 늘어날 거예요. 그런 분들과 함께하는 시간을 사업을 보다 안정적으로 유지하는 것에만 쓰는 건 낭비예요.

1000억 부자의 길에 들어선 저의 시선에서 탄탄한 기반의 사업체를 하나라도 가지고 있다는 것의 최고 장점은 '실패할 권리'가 생겼다는 거예요.

실패는 언제나 고통과 손실을 수반하는데, 기반이 튼튼한 사업체는 그 고통과 손실을 보전해 주지요. 그래서 얼마든지 실패를 감수한 시도를 할 수 있는 거고요. 더군다나 그 실패를 다양한 관점에서 보존하고 막아줄 수 있는 인재들까지 갖춘 상황이라면? 새로운 시도와 확장을 하지 않는 것이 오히려 이상한 거지요."

인우는 침묵하며 자신이 모든 것을 통찰할 능력이 부족함을 인정했다. 자신의 주변에 어떤 사람들이 있는지, 그 사람들과 어떤 일을 할 수 있는지, 그리고 그 위치에 올라오기까지 보낸 자신의 시간이 얼마나 가치가 있는지를 제대로 알지 못했다.

오늘 배상과 나눈 대화처럼, 견뎌온 시간에 대해선 알고 있었지만 그 값이 얼마나 높은지는 미처 알지 못했던 것이다. 인선이 이야기를 이었다.

"그리고 굳이 배상 씨의 말에 한 가지를 더하자면, 새로운 사업은 '해야 될 이유'가 명확해야 한다는 거예요."

"해야 될 이유요?"

"네, 배상 씨의 말처럼 사업에 가장 중요한 점은 사업을 전개하는 데에 리스크가 무엇인지를 분석하고, 그 리스크를 제거할 수 있는 확실한 전략을 가져야 한다는 거예요. 그것만으로도 사업은 순항할 수도 있을 거예요. 하지만 어딘가 부족하지요. 저는 그 부족함을 채워주는 마지막 퍼즐 조각이 '해야 될 이유'를 명확하게 하는 것이라 생각해요.

가령 이 사업이 위험한 이유 열 가지가 있다 하더라도, 단 한 가지 그 사업을 반드시 해야 되는 이유가 있다면 열 가지 위험은 피해야 하는 무엇이 아니라, 극복해야 하는 무엇이 되지요. 리스크가 많으니 하지 말자가 아니라, 이 일을 하기 위해선 이 리스크를 반드시 극복해야 한다는 마음가짐이 된다는 거예요.

이 차이는 커요. 또한 아무리 리스크를 사전에 분석하고 대응한다고 하더라도 사업이란 생물체와 같아요. 끊임없이 변화하고 진화하며 전에 없던 문제들을 만들어내지요. 이런 문제에 기민하게 대응하고 적극적으로 극복하게 만드는 것은 결국 '해야 될 이유'예요.

백 가지의 비관도 한 가지의 신념을 이기진 못한다는 말은 이런 뜻이에요."

"해야 될 이유를 찾는 것과 하지 말아야 할 이유를 없애는 것. 이 두 가지가 필요하다는 거군요."

"맞아요. 그 시선으로 앞으로의 10년을 바라보세요. 생각보다 할 수 있는 일도, 생각보다 하고 싶은 일도 많다는 걸 느끼게 될 거예요. 그 길을 함께 걸어가세요. 인우 씨와 배상 씨가 만든 브랜드의 본질은 결코 세차장에 머물러 있기 위함은 아닐 거예요. 여러분이 스스로 일궈온 그것은 생각보다 훨씬 큽니다.

많은 것을 실패해도 될 만큼
많은 것이 실패하지 않을 만큼

그렇게 10년이 더 지나면 인우 씨는 더 이상 세차를 대변하는 존재는 아닐 거예요. 성공, 돈 또는 그 이상의 무언가를 대변하는 존재가 될 거예요. 마치 오늘날의 돈을 제가 대변하고 있듯, 그 어느 날의 무언가를 인우 씨가 대변하겠지요. 인우 씨가 그 길을 걸어가면 좋겠어요.

안주하고 만족하는 것도 좋지만, 그래도 여기까지 왔으니까. 좀 더 고생하길 바라는 게 너무 큰 욕심인가요?"

"아닙니다. 선생님의 말을 듣고 있으니 어쩐지 가슴이 두근거리더라고요. 정확히 설명할 순 없지만, 아직 내가 걸어야 할 길이 더 남았고, 내가 이룬 작은 것으로 아직 더 나아갈 수 있다는 것에 대한 두근거림인 것 같아요. 고맙습니다. 지난 10년을 보살펴주셨는데, 그다음 10년을 알려주기까지 하셔서요."

"믿으세요.

자신의 시간을.
자신의 세공을.
자신의 가치를.

그리고 즐기세요.
그렇게 만들어온 자기 본질이 주는 선물을.

이 말은 비단 인우 씨에게 하는 말은 아니에요.

제가 만났던 수천 명의 사람들, 그중 수십 명 남짓했던 인우 씨와 같았던 그들에게 했던 말이에요.

시간과 정성으로 자기만의 본질을 일깨운 사람들은

대학생이건

직장인이건

장사꾼이건

중요치 않아요.

이미 그들은 자기 시간, 나아가 자기 삶의 주인이 될 자격이 충분하니까요."

"감사합니다. 늘 해온 말이지만 늘 그랬듯 진심으로요."

"허, 내가 진즉에 말했던 것을 이렇게 쉽게 납득하다니, 조금 실망이네요. 내 말을 얼마나 신뢰하지 않으면….

"배상 씨도 다시 10년이 지나면 저처럼 되지 않을까요? 아니, 너무 과찬인가. 저의 반 정도는 되지 않을까요?"

"끝까지….."

서로의 10년을 확인하는 가벼운 시시덕거림으로 대화
는 끝이 났다. 그럼에도 이날의 대화는 인우와 배상의 다
음 10년을 바꿀 만큼 중요한 계기가 되었다.

다시 현장으로 돌아온 그들은 인선의 말처럼 새로운
사업을 통해 시스템의 영역을 세차장에서 더 넓은 세상으
로 확장시키기 위한 준비를 하게 된다. 아직 이룬 것은 새
롭지 않았다. 이제 이뤄나갈 것이 새로울 뿐이다.

새로운 사업을 준비하는 과정은 쉽지만은 않았다. 배상
도 인우의 성격을 알기 때문에 가능한 한 많은 리스크를
분석하기 위해 노력했고 모든 리스크에 대한 적절한 해결
책과 그 해결책이 먹히지 않았을 때의 대응책을 만들기
위해 고심했다.

마찬가지로 인우 역시 스스로에게 수천 번의 질문을
거치며 배상과 함께 구상 중인 새로운 사업을 '해야 될 이
유'를 고민하는 것에 시간을 아끼지 않았다.

겉으로 보기에 변화하지 않았을지언정 새로운 꿈은 이
미 꿈틀거리고 있었던 것이다. 그들 인생의 제2차 근접전
을 위해서 말이다.

그럼에도 인우는 바쁜 와중에도 여전히 자신의 사업이 시작되었던 세차장에서 세차를 하며 남는 시간을 보낸다. 시간이 부족해 자주 맡진 않지만 이따금 찾아오는 오랜 고객의 차는 그가 직접 세차를 했다. 그 고객에게 인우는 여전히 세차를 좋아하고, 세차에 진심인, 그래서 차를 기꺼이 맡길 수 있는 세차 장인이었다. 오늘 아주 오랜 손님 한 명이 그에게 세차를 맡긴다. 반가운 그에게 인우가 언제나처럼 말을 건넨다.

"사장님, 어디 오프로드를 달리셨나 차가 아주 엉망이네요. 이번에 제가 독일 가서 너무 마음에 들어서 사온 제품이 하나 있는데, 이게 도장면은 보호해 주면서 찌든 때 지우는 데는 기가 막혀요. 어떻게 한번 써보실래요?"

32

"내 말이 맞았지요?"

"하하. 선생님, 장소는 같으니까 제가 맞은 게 아닐까요?"

"상황이 달라졌잖아요. 이리 멋진 상황이 생겼으니 결국 내가 맞은 거라 봐야겠지요?"

"끝나고 나서 인우와의 커피 한잔 해주실 시간은 충분하지요? 로비 카페에서 먼저 가서 기다릴게요. 이러면 제가 맞는 거지요?"

"허허, 이젠 한마디로 안 지네그려. 인우 씨, 이미 잘했어요. 오늘도 잘하고 와요. 끝나고 인우 씨가 사주는 커피 한잔 기대할게요. 이번에는 내가 물을 것이 아주 많아요."

의미 있는 날이었다. 오랜만에 만난 두 사람이 있는 장소는 다행히 병원 VIP실은 아니었다. 늘 만나던 호텔에서 이 둘은 마주했다. 달라진 것이 있다면 인선은 휠체어를 타고 비서와 함께 왔다는 것이고, 인우는 말쑥한 캐주얼 정장 차림이라는 것이다.

한 기업을 대표하는 사장이 되어서도 가급적 작업복 차림을 고수하던 그였기에 정장을 차려입은 모습은 어딘가 낯설다. 한 걸음 떨어진 곳에서 안향은 그 모습을 흐뭇하게 바라보고 있었다. 오늘은 인우의 특별 강연회가 있는 날이었다.

　많은 것을 위임하고 난 뒤 배상과 함께 다음 10년을 준비하는 시간 사이에서 인우는 인선의 마지막 가르침을 실행했다. 조금 더 크게 자기가 여기 있음을 세상에 외친 것이다. 전에는 차일피일 미루거나 고사하기 일쑤였던 방송 출연에 적극적으로 나섰다. 시사, 경제, 연예를 가리지 않고 말이다. 타 유튜브 출연 역시 적극적인 자세로 임했다. 어떤 때에는 인우가 먼저 나서서 유튜브나 방송에 출연 요청을 하기도 했다.

　해당 프로그램이 인우의 생각을 전달하기에 유용하다면 인우는 거리낌 없이 나아가 자기의 삶에 대해 이야기하고 앞으로의 삶에 대해 대중 앞에서 다짐했다.

　인우를 찾는 방송가 역시 인우의 성장에 따라 다른 의미를 인우에게 부여했다. 세차 장인이라는 이색적인 소재는 이제 인우를 소개하는 단골 멘트 중 하나에 불과했다.

　세차를 통해 하나의 기업을 이룬 사람, 세차라는 산업 분야의 개념을 확장하고 이를 선도하는 사람이란 수식어가 하나씩 하나씩 붙었다.

　방송을 넘어 마지막으로 인우는 직접 사람들을 만나고

이야기할 수 있는 장으로 스스로를 이끌었다. 그 첫걸음이 오늘 있는 특별 강연회다.

1000명이 넘는 사람들이 그를 보기 위해 몰려들었다. 20대 대학생에서 40대 가장까지 다양한 사람이 그를 보기 위해 한 시간 전부터 줄을 서 있다가 강연장에 입장했다.

스포트라이트가 인우에게 쏟아졌다. 떠나갈 듯한 박수 소리와 함께. 강연 무대에 올라선 인우는 눈이 부셔 잠깐 인상을 찌푸린다. 인우를 비추는 스포라이트가 너무 밝아 서였다.

밝은 무대에서 바라보는 관객석이 지나치게 어둡다. 많은 사람이 들어섰음에도 어느 한 사람 보이지 않는 이질감이 인우는 몹시 낯설게 느껴졌다.

시간이 지나서 눈이 스포라이트에 익숙해지고 명암의 구분이 가능해지자 인우는 고개를 돌려 아래로 시선을 향했다. 반가운 얼굴들이 잔뜩 눈에 들어왔다.

오랜 시간 그와 함께 걸어온 동반자이자 친구 같은 아내 안향, 처음 세차장을 할 때부터 지금까지 자신과 함께 일해온 분신과도 같은 동료들, 자신의 시스템에 기꺼이 들어와 준 수많은 카마카세의 대표들, 누구보다 빠르게 회사를 성장시켜 주고 있고 앞으로의 10년을 함께 준비해 나갈 든든한 파트너 배상, 그리고 이 모든 과정을 콘텐츠로 상상하며 카메라에 담고 있는 박 PD까지.

순간 가슴이 뭉클해지는 인우였다.

'그래, 이 사람들과 함께 여기까지 왔구나. 내게 이 사람들이 있었구나.'

그중 인우의 시선을 가장 오래 붙잡은 사람은 휠체어를 탄 남자다. 그와 시선이 마주치자 이 둘은 오랫동안 눈길을 교환한다. 응원, 인정, 감사 이 모든 감정이 뒤섞인 시선을. 마이크가 주어지고 강연이 시작된다. 완벽히 연습한 첫 멘트를 인우는 하지 않기로 결심했다. 그 대신 가슴이 시키는 대로, 가장 하고 싶은 한마디로 이야기를 시작한다.

"아주 오래전이었습니다.
한 남자를 만났습니다.

제 모든 것의 시작이었습니다.

그 이야기를 오늘 여러분께 들려드리려 합니다."

•

오늘도 부의 근접전을 치르며

- 김종봉

나는 이 책에서 두 가지 새로운 도전을 했다.

첫 번째는 내 생각을 남의 손으로 담는 것. 이 책은 사실 내가 쓴 부분이 거의 없다고 해도 지나친 말이 아니다. 직접 쓰고 싶었지만 더 좋은 책이 태어나길 바라는 마음으로 현열이에게 양보했다. 첫 책 『돈 공부는 처음이라』부터 지금까지 5년간 현열이와 수천 시간이 넘도록 대화를 나누었고, 돈에 대한 나의 모든 생각을 현열이에게 전달했다.

그 시간 동안 나도, 현열이도 무르익어 돈에 관해서는 더 이상 이견이 없을 정도로 생각이 합쳐졌다. 그 후에 내 이야기가 현열이의 손을 거쳐 만들어졌다. 그러다 보니 원고를 처음 기획하고 책이 나오기까지 5년이 걸렸다. 고맙다는 말을 잘 하지 않는 고약한 동생이지만, 이 책이 마무리될 때쯤 아주 오랜만에 내게 고맙다는 말을 했다. 장족의 발전이다.

두 번째는 수많은 성공을 이야기로 녹여내는 것. 이전까지 나는 내가 했던 일, 내가 이룬 성공에 대해 이야기했다. 강연에서든 책에서든 말이다. 그래서 나는 언제나 사람들에게 '설명'하는 사람이었다. 하지만 이 책에 나오는 1000억 원대 부자 인선은 언젠가 이루려는 나의 미래이자, 내가 목격한 수많은 성공의 현재다. 내가 이르지 않은 이야기, 다른 이의 성공을 담다 보니 이 이야기에는 설명뿐만 아니라 상상도 녹아들었다. 과연 이 생각과 상상이 가치가 있을까? 지금 1000억 원을 가진 사람이 읽더라도 동감할까? 그런 긴장이 있었음을 고백한다.

그럼에도 이 책이 세상에 나와도 될지 스스로에게 물

을 때 확실하게 '네'라고 답할 수 있는 이유는 이 책에서 말하는 메시지보다 더 확실하게 성공을 정의할 방법을 찾지 못했기 때문이다.

그럼 이 책에서 말하는 단 하나의 메시지는 무엇일까? 바로 '근접전'이다. 지금부터는 부를 이루기 위해서 이 근접전이 얼마나 중요한지 이야기하고자 한다. 투자의 시대가 한 사이클 마무리되면 어김없이 찾아오는 다음 사이클이 있다. 그것은 바로 창업과 자기계발이다. 그리하여 15년 전과 똑같이 시장에서는 크게 세 가지 메시지를 던지고 있다.

잘 팔리는 글쓰기(카피), 디자인(기획)을 하라

유튜브, 인스타, 블로그 등의 채널을 통해 브랜딩하라

사람을 활용한 시스템을 만들어라

모두 정답 같은 이야기로 들리겠지만, 많은 사람이 큰돈을 주고 강연을 들어도 메시지를 실행하는 데 실패하는 이유는 여기에 아주아주 중요한 요소 한 가지를 간과했기 때문이다. 그것은 바로 그 누구도 '순서'를 언급하지 않은 것이다. 돈이 돈을 버는 '시스템'을 만들라는 소리는 많이 들었을 것이다. 그러나 무엇이 시스템인지, 어떻게 만드는지 막막할 것이다. 이유는 간단하다. '브랜딩'되어 있지 않기 때문이다.

성공의 마지막 단계인 시스템을 이야기하는 사람은 이미 브랜딩이 완성된 사람이다. 브랜딩이 완성된 가게 또는 회사를 가졌기에 돈이 많든가, 이미 브랜딩이 완성된 채널을 통해서 팬이 많은 것이다. 양질의 사람을 곁에 두지 않으면 완성되기 힘든 것이 시스템이기에 여기까지 간 사람들은 돈과 팬을 통해서 이를 확보한다. 그러나 아무런 준비가 되지 않은 대다수가 적용하기는 무리다.

그럼 시스템을 만들기 위해서 필요한 것이 브랜딩이라면, 브랜딩을 만들기 위해서는 무엇을 해야 할까? 바로 채널과 본질을 가져야 한다. 여기서 채널은 인스타, 유튜브, 블로그 등이고 그곳에 올리는 콘텐츠가 자신의 본질이 된다.

채널과 본질 중에서 굳이 하나를 선택해야 한다면, 나는 무조건 본질의 실력을 우선시하라고 한다. 본질에 충분히 많은 시간을 투자하면, 채널을 늦게 시작할지라도 채널을 만드는 순간부터 투자한 시간의 값을 돌려받는다.

오랜 시간 지방에서 장사를 하며 본질의 실력을 완성한 승현이는 단 한 번의 채널 출연으로 '조조칼국수'라는 브랜딩을 완성했다.

7년 동안 인터뷰를 기반한 책을 쓴 도윤이도 누구보다 빠르게 유튜브 '김작가TV'라는 브랜딩을 완성했다. 이 외에도 수많은 부자가 자신만의 본질을 통해서 브랜딩을 완성했다.

물론 끼가 엄청나거나 자기 자신을 과대 포장해서 채널의 확장만으로도 브랜딩을 완성하는 경우가 있다. 그러나 그런 행동은 양심적으로 어려운 일이다. 또한 특정 몇몇의 성공을 일반화할 수는 없다. 결정적으로 남의 본질을 자신의 것으로 포장했다가 결국 실력이 들통나거나 반짝 스타로 사라지는 경우는 허다하다. 그래서 채널은 절대적으로 나의 본질의 크기만큼 성장해야 하며 남의 것으로 이루면 안 된다. 비록 빨리 크지 않더라도 그렇게 해야 완성할 수 있는 것이 바로 브랜딩이다.

이런 이유로 가장 많은 포기와 도전이 벌어지는 곳도

브랜딩이다. 즉, 가난한 자의 돈에서 부자의 돈을 만드는 첫 번째 관문이 바로 여기다.

가난한 자가 시간을 투여하면 무조건 돈이 나온다. 그러나 그 가치는 월급처럼 늘 시장이 정해준다. 반면 부자는 시간을 투여해도 늘 돈이 나오지는 않는다. 하지만 본질의 성장을 이루기 때문에, 그 가치를 훗날 자신이 정할 수 있다. 즉, 부자의 돈의 크기는 얼마든 확장될 수 있음을 기억해야 한다.

그럼 브랜딩을 위한 본질을 찾기 위해서는 무엇을 해야 할까? 이 지점에서 가장 많은 사람의 고민이 생겨난다. 책에서 담지 못한 이야기를 이 지면을 통해서 풀고자 한다.

지난 18년간 수천 명을 깊게 상담하고 그들과 함께 성장하면서 알게 된 점은, 아직 발견하지 못했을 뿐 누구나 자신만의 본질을 가지고 있다는 것이다.

그러나 많은 사람이 자신의 것을 활용하지 못하고, 남의 것, 남의 시간, 남의 경험으로 본질을 찾으려고 한다. 그 결과 우리는 화려해 보이는, 대중이 좋아할 것 같은 키워드에서 자신의 본질을 찾으려고 한다. 잘 팔리는, 사람들의 검색이 많은, 대중의 관심을 끌 명목으로 본질을 찾으려고 하기 때문에 결국 오래가지 못하고 이내 포기해 버린다.

그럼 부를 만드는 본질은 어떻게 찾는 것일까?

1. 결핍

우리가 흔히 보는 부자들의 레퍼토리가 있다. 유년기의 가난, 단칸방, 반지하 등등이다. 그들의 이런 이야기가 콘셉트라고 생각하는 사람도 있지만 꼭 그렇지만은 않다. 돈에 대한 결핍이 돈을 벌기 위한 본질적 이유를 찾게 해준 것이다. 물론 돈, 건강, 행복의 극단적인 결핍이 본질을 찾는 계기를 빠르게 만들어주기도 하지만, 가난하지 않아도 극단적이지 않아도 사람은 누구나 하나씩 결핍을 가지고 있다. 그것이 바로 단점이다.

2. 단점

사람은 심리학적으로 자신의 장점보다는 단점을 극복하고자 꾸준히 노력한다. 자신의 장점은 크게 부각되지 않지만 단점은 스스로 매일 보기 때문이다. 이 단점이 얼마나 큰 효과가 있는지 예를 들어 살펴보자.

A씨는 돈을 벌고 싶어서 브랜딩에 대한 강의를 들었다.

대중이 좋아하는 콘텐츠를 만들어라

효과적인 키워드를 잡아라

좋은 사진을 찍어서 올리고, 그런 사진을 만들기 위해 작업하라

공감 가는 글을 적고, 소통하라

많은 것을 배웠다. A씨는 배운 대로 이것저것 도전을 하지만 생각보다 쉽지 않았다. 남들은 다 잘되는 것처럼 보였다. 그런데 자신은 재미도, 흥미도 느끼지 못한다. 무엇보다 이것을 왜 해야 되는지, 지금 무엇을 위해 하고 있는지조차 모르고 있다. 그러니 결국 얼마 가지 못해서 나는 안 되는구나, 하고 포기한다.

브랜딩에 도전했다 실패한 사람 대부분이 이런 공통점을 가지고 있다. 그럼 이 사람은 도대체 무엇이 잘못되었을까? 바로 '본질'이 없었기 때문이다.

만약 A씨가 조금만 먹어도 살이 찌는 체질을 가진 사

람이라 비만이었다면? 이 사람은 늘 이것을 단점으로 생각하며 평생 체중 감량을 하며 살아왔을 가능성이 크다.

무엇을 먹어야 되는지

몇 시에 먹어야 되는지

어떻게 먹어야 되는지

늘 스스로 단점을 극복하는 방법을 찾았을 것이다. 그럼 이 본질 '체중 감량'을 주제로 식단부터, 운동법, 마음가짐 등을 블로그나 인스타에 올리면서 다이어트 일지를 적는다면?

마른 사람이나 체중 감량에 도전해 보지 못했던 사람은 도전할 수 없는 '진입장벽'이 될 것이며 그간의 노력도 본질의 실력으로 환산받게 될 것이다.

앞서 브랜딩을 배울 때 자신이 봤던 '이미 잘하는 사람'은 자신이 무엇을 해야 하는지, 즉 '본질'을 찾은 사람일 가능성이 크다. 그래서 브랜딩을 가르치는 사람은 한 사람, 한 사람의 본질을 찾아주기 위해 노력해야 훌륭한 브랜딩 메이커가 될 수 있다.

실제로 이러한 과정을 거치도록 도와주는 사람은 일대일 상담 열두 번에 2000만 원이 넘는 금액을 받는다고 한다. 2000만 원을 들이지 않아도 이 책을 통해서 독자 여러분이 스스로의 본질을 찾길 희망한다.

기억하자. 세상에서 가장 아름다운 꽃도 평범한 흙에서 싹트는 것처럼, 화려한 나의 미래를 위한 본질도 결국 평범한 지금의 나로부터 시작된다.

우리가 보았던 부를 이룬 사람은 모두 '본질 → 브랜딩 → 시스템' 순서로 지금의 자리에 왔다. 이 순서가 아니라고 생각되는 경우도 있겠지만, 자세히 들여다보면 이 순서가 아닌 사람을 찾아보기 힘들다. 책에서 인우가 자신의 부자노트에 적은 스물 일곱 가지 내용에는 근접전을 위해 각 단계에서 필요한 이야기를 담았다. 자신이 1번 항목에 있다면 2번 항목에서 힌트를, 10번 항목에 있다면 11번 항목에서 힌트를 찾길 바란다.

현재 나와 내 주위 사람 대부분은 21번에서 23번 항목 사이에 있다. 24번에서 27번 항목 사이에 있는 사람들은 돈이 돈을 버는 구조를 시스템화한 사람들로, 대개 회장이라는 명함을 들고 다닌다. 보기 드문 사람들이기에 검증이 어렵다고 생각했지만, 전 세계를 돌아다니며 부자들과 함께 시스템을 구축하고 있는 현열이의 도움으로 끝까지 작성할 수 있었다.

언젠가 나도 27번 항목에 닿을 것이다. 그때 열릴 나의 무료 강연회에 이 책을 읽은 독자들이 오길, 그래서 이 책의 마지막 장면을 함께 완성하길 꿈꾼다. 그때까지 우리 함께 '근접전'을 치러보자.

•

오랜만에 걸었던 긴 산책을 끝내며

- 제갈현열

누군가의 삶을 창조할 수 있다는 것은 작가가 가진 몇 안 되는 특권이다. 동시에 자신이 창조한 인물에 대해 고민하고 책임지는 것은 작가가 가져야 하는 몇 안 되는 의무다. 우쭐하기도 하면서, 때론 고민으로 며칠 밤을 지새워야만 하는, 내가 업으로 삼은 일이 참 재미있는 일이라는 걸 느끼게 만드는 시간을 보냈다.

창조는 경험과 모방의 조합인지라, 이 이야기를 이끌어 가 준 세 명에겐 어딘지 내 삶의 많은 것이 묻어 있었다. 한때 건방졌던 내 모습, 내가 멋지다고 생각했던 누군가

의 모습, 내가 싫어하는 것, 내가 좋아하는 것, 특히나 돈
과 관련해서 많은 가르침을 준 종봉 형의 모습도 어느새
모두 담겨 있었다.

그 모습을 하나하나 가르마 태우고 캐릭터를 정하고
보니 배상은 나의 어리석음이었고, 인선은 내가 만난 많
은 배움이었으며, 인우는 나의 바람이었다. 그러다 보니
모두에게 모질지 못했다.

배상을 좀 더 나쁘게 표현하지 못했고, 인우에게 큰 시
련을 주지 못했으며, 인선의 불치병을 마무리 짓지 못했
다. 아쉽기도 하면서 한편으론 이 정도면 되었다 싶기도
하다. 이 인물들이 책을 읽는 여러분의 일부가 될 수 있기
를 기대해 본다. 가급적이면 어리석음은 짧게, 배움은 길
게 가지면서 말이다.

배상 같은 기회를 노리는 우리가, 어쩌면 어딘가 있을
인선 같은 계기를 만나, 인우처럼 각자의 길을 걸어나가
길 희망해 본다. 그 길의 끝에 각자가 원하는 경제적 자유
가 있기를 응원한다.

나 역시 지금 어딘가를 걷고 있다. 배상의 길인지, 인우

의 길인지 가끔은 헷갈리는 걸 보니 아직 헤매고 있는가 보다. 하지만 잠깐 쉴지언정 걸어나가길 멈추진 않을 예정이다. 그러니 여러분도 그렇게 하시길 바란다.

그리하여 어느 길이든 어디쯤이든 언젠가든 만나기를 희망해 본다. 잠깐 교차하는 길목에서 서로가 걸어온 길에 대해, 서로가 걸어갈 길에 대해 뜨겁게 토론하는 날이 온다면 더할 나위 없을 것이다. 이 이야기가 그 길을 걸을 당신의 시발점 또는 이미 걷고 있는 당신의 잠깐의 쉼이길 바란다.

부를 묻자 돈의 신이 답했다

돈은, 너로부터다

초판 1쇄 발행 2023년 5월 10일
초판 5쇄 발행 2024년 8월 16일

지은이 김종봉, 제갈현열
펴낸이 김선식

부사장 김은영
콘텐츠사업본부장 박현미
책임편집 임소연 **디자인** 황정민 **책임마케터** 오서영
콘텐츠사업4팀장 임소연 **콘텐츠사업4팀** 황정민, 박윤아, 옥다애, 백지윤
마케팅본부장 권장규 **마케팅1팀** 최혜령, 오서영, 문서희 **채널1팀** 박태준
미디어홍보본부장 정명찬 **브랜드관리팀** 안지혜, 오수미, 김은지, 이소영
뉴미디어팀 김민정, 이지은, 홍수경, 변승주, 서가을
지식교양팀 이수인, 염아라, 석찬미, 김혜원, 백지은, 박장미, 박주현
편집관리팀 조세현, 김호주, 백설희 **저작권팀** 한승빈, 이슬, 윤제희
재무관리팀 하미선, 윤이경, 김재경, 임혜정, 이슬기
인사총무팀 강미숙, 지석배, 김혜진, 황종원
제작관리팀 이소현, 김소영, 김진경, 최완규, 이지우, 박예찬
물류관리팀 김형기, 김선민, 주정훈, 김선진, 한유현, 전태연, 양문현, 이민운
외주스태프 교정교열 이한경

펴낸곳 다산북스 **출판등록** 2005년 12월 23일 제313-2005-00277호
주소 경기도 파주시 회동길 490 다산북스 파주사옥 3층
전화 02-702-1724 **팩스** 02-703-2219 **이메일** dasanbooks@dasanbooks.com
홈페이지 www.dasanbooks.com **블로그** blog.naver.com/dasan_books
종이 (주)아이피피 **인쇄** 민언프린텍 **후가공** 제이오엘엔피 **제본** 대원바인더리

ISBN 979-11-306-9944-8(13320)

다산북스(DASANBOOKS)는 책에 관한 독자 여러분의 아이디어와 원고를 기쁜 마음으로 기다리고 있습니다.
출간을 원하는 분은 다산북스 홈페이지 '원고 투고' 항목에 출간 기획서와 원고 샘플 등을 보내주세요.
머뭇거리지 말고 문을 두드리세요.